Andreas Leinhäupl

Annette Edenhofer • Christine Funk

War Jesus der erste Minimalist?

Einfach • Großzügig • Leben

D1866960

Andreas Leinhäupl
Annette Edenhofer • Christine Funk

War Jesus der erste Minimalist?

Einfach • Großzügig • Leben

kbw bibelwerk

1. Auflage 2022
© 2022 Verlag Katholisches Bibelwerk GmbH, Stuttgart
Alle Rechte vorbehalten

Für die Texte der Einheitsübersetzung der Heiligen Schrift,
© 2016 Katholische Bibelanstalt GmbH, Stuttgart
Alle Rechte vorbehalten

Umschlaggestaltung: Weiß-Freiburg GmbH – Grafik und Buchgestaltung, Freiburg i.Br.
Gestaltung und Satz: Olschewski Medien GmbH, Bad Ditzenbach
Hersteller gemäß ProdSG:
Druck und Bindung: Finidr s.r.o., Lípová 1965, 73701 Český Těšín, Tschechische Republik
Verlag: Verlag Katholische Bibelwerk GmbH, Silberburgstraße 121, 70176 Stuttgart

www.bibelwerkverlag.de
ISBN 978-3-460-25235-6

Inhalt

Ein Wort zuvor

Liebe Leserinnen, liebe Leser,

wie stehen Sie zum Thema „Minimalismus“? Die Idee vom einfachen Leben hat in den letzten Jahren eine rasante Karriere hingelegt: Immer mehr Menschen entscheiden sich dafür, an irgendeiner Stelle umzudenken, ihren Besitz zu reduzieren, der konsumorientierten Überflussgesellschaft den Rücken zu kehren ... mit dem Ziel, ein erfülltes Leben zu führen. Der neue Hype des Minimalismus schlägt sich seit einigen Jahren in regelrechten Bewegungen nieder wie etwa der Symplify-Bewegung in den USA, der seit 2008 mehrere Millionen Menschen folgen.

Der Trend ist also mehr als aktuell, aber nicht neu. Weniger war schon immer mehr, denn zu allen Zeiten gab es Menschen, die durch bewusste Reduktionsvorgänge an der eigenen Befreiung von unliebsamen Zwängen gearbeitet haben. So gilt z.B. der kynische Philosoph Diogenes von Sinope (405-320 v.Chr.) – „Diogenes in der Tonne“ – als eine der Gründerfiguren minimalistischer Lebensentwürfe, der aufgrund seiner kynisch-philosophischen Bildung davon ausging, dass Besitz und Reichtum nicht zum Glück führen. Franziskus von Assisi, der aus einer sehr wohlhabenden Familie stammte, verzichtete im 13. Jahrhundert nach einem Familienstreit auf all seinen Reichtum, wandte sich Jesus Christus zu und gründete einen der bekanntesten Bettelorden. Martin Luther King empfahl seinen Anhängern im Falle einer Verhaftung, lediglich eine Zahnbürste und eine Bibel bei sich zu tragen. Diese Reihe ließe sich weiter fortführen bis in die heutige Zeit.

Unsere Ausgangsfrage lautet: War auch Jesus ein Minimalist? Und wenn ja, welche konkreten und innovativen Alltagsbezüge bieten die biblischen Geschichten und welche Visionen und Zukunftsperspektiven lassen sich daraus ableiten? Motiviert ist dieser Zugang von der Vision des einfachen Lebens – so wie sie auch Papst Franziskus vertritt –, eine Vision, die sich durch Themen wie Nachhaltigkeit, Minimalismus, Freundlichkeit, Fürsorge, Zuversicht und Spiritualität konkretisieren lässt.

Um erste Antworten auf diese Ausgangsfrage zu finden, haben wir in diesem Band drei Essays zusammengestellt, die sich auf das lukanische Doppelwerk – also auf das Lukasevangelium und die Apostelgeschichte – beziehen und die aus drei sehr unterschiedlichen Perspektiven zum Thema „Minimalismus" Stellung beziehen. Die drei Essays könnten auch je für sich stehen, bieten aber gerade durch das Zusammenspiel ihrer verschiedenen theologischen Positionierungen und Herangehensweisen auch einen in sich schlüssigen Gesamtrahmen.

Der erste Beitrag entstammt der anwendungsorientierten „Praktischen Theologie". Annette Edenhofer deutet die Texte des lukanischen Doppelwerkes hinsichtlich ihrer Relevanz für aktuelle Themen der spirituell inspirierten humanökologischen Transformation aus. Sie begründet Ihre Minimalismus-These aus der Perspektive der Emotionstheorie, der mimetischen Theorie und der Führungsethik des Servant Leadership. Diese drei Zugänge beinhalten aktuelle entwicklungspsychologische, evolutionsbiologische und politiktheoretische Konzepte, die dennoch das fast 2000 Jahre alte Jesus-Profil des Lukas authentisch erschließen können. Diese Analyse entdeckt den Jesus-Minimalismus im Fokus der Weisung: „Liebe!" – Kenne Deine Interessen und Emotionen, wisse um Gruppendynamik zwischen Kooperation und Mobbing und habe den Mut, dienen zu wollen im Vertrauen auf Gott. Einen ganz anderen Zugang bietet Andreas Leinhäupl mit seiner zeit- und religionsgeschichtlichen sowie bibeltheologisch-exegetischen Herangehensweise. Aus seiner Perspektive gilt es, die biblischen Texte zunächst in ihr historisches Umfeld einzuordnen, die verarbeiteten Traditionen wahr- und ernst zu nehmen und die Jesusgeschichten in Bezug auf die Entstehungszeit des jeweiligen Buches hin zu analysieren und zu interpretieren. Die Idee vom „einfachen" und doch „großzügigen" Leben will in den Texten aufgespürt und solide ausgelegt werden, denn an dieser biblischen Variante des „Minimalismus" zeigt sich, wie sich aus der ursprünglichen Jesusbewegung die ersten urchristlichen Gemeinden entwickeln und wie sich dann die Sache Jesu in relativ kurzer Zeit über die gesamte damals bekannte Welt verbreitet. Aus der Perspektive der Systematischen Theologie fragt Christine Funk *Hat Jesus minimalistisch geglaubt*? Sie rekapituliert darin zunächst die Unterscheidung des Glaubensaktes als Lebensvertrauen *fides qua* und seinem Verhältnis zur *fides quae*, den Glaubensinhalten. Die Subjektperspektive des Glaubens deutlich wahrzunehmen, ist zum einen eine konfessionelle Tiefengeschichte, zum anderen hat sie im Diskurs von Religionssensibilität in der Pädagogik und Sozialen Arbeit einen aktuellen Ort sowie im interreligiösen Dialog. Im Hinblick auf die Interpretation des Lukasevangeliums betont Christine Funk die Freiheit des Lesers, die der Verfasser des Textes mit seiner Vorrede einräumt, als Chance, sich selbst in der Überlieferung zu verankern und so aktiv Teil des Tradierungsprozesses zu sein. Auf der praktisch-spirituellen Ebene beschreibt sie Erfahrungen aus Straßenexerzitien, in denen die Verschränkung von *fides qua* und *fides quae* eine Rolle spielt.

Ausdrücklich bedanken möchten wir uns beim Verlag Katholisches Bibelwerk, namentlich bei Dr. Karina Jung, für die inhaltliche Anregung zu diesem Buch sowie für die angenehme und unkomplizierte Zusammenarbeit.

Wir laden Sie nun dazu ein, gemeinsam mit uns dem Thema „Minimalismus“ auf die Spur zu kommen und darüber nachzudenken, welche spezifischen Strukturen, Inhalte und Zukunftsperspektiven der biblische – das heißt in unserer Zuspitzung der lukanische – Befund für ein einfaches und doch großzügiges Leben haben … und wünschen Ihnen eine anregende Lektüre.

Andreas Leinhäupl
Christine Funk
Annette Edenhofer

„Liebe und tu', was Du willst!" – Minimalismus der Großzügigkeit bei Lukas und in Laudato si? [Annette Edenhofer]

Augustinus' Aufforderung zur „freien Liebe" (*Epist. Ioannis ad Parthos, tractatus VII, 8*) ist eine treffende Kurzformel des lukanischen Doppelwerks. Wirklich? Lieben, großzügig sein, sonst nichts? Lässt sich Lukas wirklich zum Pressesprecher eines „Jesus-Minimalismus der Großzügigkeit" machen, dem Ideal, das Papst Franziskus mit seiner Öko-Enzyklika *Laudato si* (2015) ausruft? Dass diese Fragerichtung aus praktisch-theologischer Sicht hilfreich sein kann, dafür soll hier argumentiert werden.

Zunächst versucht die Einleitung des Essays, der Kernbotschaft Kontur zu geben. Teil 1 stellt das sog. „Franziskus-Prinzip" als Quintessenz der Enzyklika vor und behauptet, Ressourcen für die ökologische Transformation bereits in den Texten des Lukas entdecken zu können. Teil 2 versucht, den Erzählbogen des Lukas insgesamt als Transformationsreport nachzuvollziehen und verbindet die Gesamtbotschaft mit aktuellen Einsichten der Entwicklungspsychologie und der Evolutionsbiologie. Ziel ist es, die Kommunikationskultur der *gewaltfreien Kommunikation* als Handlungstheorie für eine praktische Theologie der Schöpfung fruchtbar zu machen. Lukas' Theologie der Sünde diagnostiziert, was Handlungstheorien Kommunikationsstörungen nennen. Gewaltfreie Transformation von Störungen bezeichnet Lukas als Bekehrung. Teil 3 versucht dazu eine synchrone Exegese ausgewählter Texte: Lukas' Storytelling bietet zeit-invariant zielführende Methoden für gewaltfreien Wandel. Die Schlussgedanken widmen sich der Botschaft des Lukas mit Blick auf aktuelle Problemlagen. Dazu stellen alle Abschnitte bereits einzelne Bezüge her. Dieser Beitrag angewandter Theologie durchleuchtet also die Botschaft des Lukas auf seine Anleitung zu den Minimalbedingungen für *peacemaking* hin, die existentiell unsere Großzügigkeit fordern: Wie wird aus Unglaube Glaube, wie aus Gewalt gewaltfreie Kommunikation? Was fördert persönliche Friedfertigkeit? Wie gestalten sich faire Institutionen, Partizipation und Inklusion? Hier nun für eine erste Orientierung der Versuch einer Kontur der Kernbotschaft des Lukas und der Enzyklika *Laudato si*.

Zu Lukas' Zeiten machen die Umstände der römischen Besatzung aus Israel keine bessere *Community* gemessen am sozialen Ideal der Zehn Gebote. Im Klima von Angst und Ausbeutung dominieren die Exitstrategien von Bestechung und Erpressung, Selbst- und Fremdmissbrauch. Wenn das Lukas' Zeitdiagnose ist, wie beschreibt er den Transformationspfad? Lukas listet die Bedingungen in der Feldrede (Lk 6,20-49) auf. Welche Institutionen fördern Charakterstärke? Moralismus und Ritualismus sind Ausbeutungssysteme. Lukas lässt Jesus Institutionenkritik üben. Kritisiert wird das Amt des ethischen Legalismus: Die Pharisäer werden „getünchte Gräber“ genannt. Sie ziehen ihnen Hörige in den Tod und verleiten zur unbarmherzigen Höherwertigkeitsgeste des Aburteilens und moralinsaurer Selbstkasteiung, anstatt zu einem schöpferischen Leben in Rechtschaffenheit zu befähigen (Lk 11,44). Genauso trifft es die Tempelaristokratie. Ihrer Ritual-Institution des Ablasshandels gibt Lukas das Label: „Räuberhöhle“ (Lk 19,45-48), Ort des Raubbaus, des geistlichen Missbrauchs und finanzieller Ausbeutung zwecks Machtsicherung (Lk 20,45-47). Dagegen inszeniert Lukas die gute Institution: Das Evangelium berichtet von der Jesus-Bewegung mit zunächst Zwölf (Lk 9,1-6), dann zweiundsiebzig *Community Organizer:innen* (Lk 10,1-16). Und diese neue soziale Bewegung hat zunehmend Follower, belegt Lukas‘ Bericht von der Speisung der 5000 (Lk 9,10-17). Das *Communitybuilding* des Evangeliums verstetigt sich dann in der Apostelgeschichte zum attraktiven *Institutionbuilding* mit minimalstem Regelwerk: Keine unnötigen Bürden, alle Energie für Inklusion ohne Ausgeschlossene. Das ist Sprengkraft in der hierarchischen Welt der Sklav:innengesellschaft! Diese Integrationskraft beschert der jungen Institution erstaunlichen Zulauf (Apg 15). Dazu konstruiert Lukas literarisch eine Biographiearbeit: Jesus inspiriert Follower! Die Jünger:innen haben zu Jesu Lebzeiten gelernt, eigene Fähigkeiten zu entwickeln. Nachösterlich geht der Messenger-Dienst weiter: Siegstrategien erhalten die Feindschaft! Dagegen wäre Kooperation ein Segen. Einander ein Segen sein stiftet Freundschaft und ist Gottesdienst! Diese Botschaft von der Nachhaltigkeit der Liebe ist das Herzstück, die Kurzfassung von Evangelium und Apostelgeschichte.

Damit ist behauptet, das Konzept des Lukas lasse sich auf eine Minimalforderung bringen: *Liebe für alle nach Kräften!*

Wohlwollender Respekt gerade bei emotionaler Aversion und unabhängig vom ersten Anschein des eigenen Vorteils. „Herz", so der exegetische Konsens, ist Lukas' Zentralbegriff, angelegt um Lukas' Oster-Ikonographie der „brennenden Herzen" der Emmausjünger (Lk 24,32). Mit Herz unparteiisch bei der Sache zu sein, ist jene resiliente Großzügigkeit, für deren Entwicklung Lukas angesichts der Ökokrise seiner Zeit erzählt. Damit lässt sich sein Programm durchaus als Preview des aktuell weltweit beachteten Öko-Manifests lesen: Papst Franzikus' Enzyklika *Laudato si – Die Sorge um das gemeinsame Haus* (2015). „Öko" kommt vom griechischen Wort ‚Oikos', dt.: Haus. Damals wie heute hängt der Haussegen schief im Haus der Schöpfung. Anders gesagt: Viele Herzlosigkeiten sind zeitlos. Damals wie heute ist die Welt ein Gewaltschauplatz. Lukas und der Papst erwägen Kosten und Nutzen der Liebe.

Lukas' Erzählziel für eine spirituell fundierte Ökologie verlagert sich in der Enzyklika: Nie war die ökologische Transformation dringender angesichts der drohenden Klimakatastrophe und neuer militärischer Eskalationen. Denn ohne Gewaltverzicht gerät die Menschheit mit den technischen Mitteln des 21. Jhs. an den Abgrund der Selbstzerstörung. Der Papst ruft zu „universaler Solidarität" für Klimaschutz und faires Wirtschaften mit natürlichen und sozialen Ressourcen (LS 15) auf, votiert gegen Krieg für bilaterale Verhandlungen (LS 104). Er adressiert Menschen mit und ohne Gottes-Glauben (LS 14). Lukas kennt das Problem der Erderwärmung durch fossilen Ressourcenraubbau noch nicht, wohl aber sozialen Raubbau. Auch lädt die Apostelgeschichte noch nicht zum Dialog der Religionen und aller Menschen guten Willens. Lukas aber berichtet vom Funktionieren der Heidenmission durch Abrüstung von Ritualgeboten und minimalisierte Zugangsbedingungen zum Glauben. Er erzählt für eine neue Verbindlichkeit: Die Taufe auf Gottes-, Nächsten- und Feindesliebe kann Clubmentalitäten überwinden (Apg 15). Jesu Frömmigkeit besteht nach Lukas im Netzwerken: Nicht *Herr, Herr rufen*, sondern Gutes tun! (Lk 6,43-46). Die Spiritualität des Lukas‘ kann heute die Friedenstraditionen der Religionen in fruchtbare Kooperationen im Dienst an der *Einen Welt* vernetzen. Was hindert? Lukas und Papst Franziskus teilen die Diagnose: Ausbeutung, „ungerechter Mammon“ (Lk 16,9-13) ist noch Unglaube, Sünde gegen die Schöpfung (LS 8,9)! Ausbeuter:innen bringen sich und andere um das Leben, wie es Gott gemeint hat!

Bei strukturell ähnlicher Diagnose könnte sich das Gespräch zwischen dem Autor eines Evangeliums und der Apostelgeschichte mit dem Autor der Enzyklika im Interesse an Lösungsansätzen für die Ökokrise heute als fruchtbar erweisen: *„Ich träume von einem solidarischen und großzügigen Europa, einem einladenden und gastfreundlichen Ort, wo die Nächstenliebe – welche die höchste christliche Tugend ist – alle Formen von Gleichgültigkeit und Egoismus überwindet.“* Um diesen Traum für die ganze Welt zu träumen, formuliert die Enzyklika Umsteuerungsziele. Stefan von Kempis entfaltet dazu in seinem Buch „Das Franziskus-Prinzip“ (2021) sechs Perspektiven für das 21. Jh.: *Nachhaltigkeit, Minimalismus, Freundlichkeit, Fürsorge, Zuversicht und Spiritualität.* Diese

Transformationstugenden sollen nun auf den Erzählbogen des Lukas rückprojiziert werden. Im Zuge dessen erscheint das Transformationswissen des Lukas erstaunlich up to date!

Literatur: Das Franziskus-Prinzip, hg.v. Stefan von Kempis (2021); Green, Joel, Discovering Luke (2021): zu „Herz“ als lukanischem Zentralbegriff S. 81, „Mapping Luke's Gospel“, S. 80-108; Emunds, Bernhard / Möhring-Hesse, Matthias, „Die Öko-Enzyklika“, in: Papst Franzikus, Lausato si. Die Umwelt-Enzyklika des Papstes (2015), S. 219-246.

I. Das Franziskus-Prinzip, die Vorschau bei Lukas

Hier nun zu den sechs Perspektiven des „Franziskus-Prinzips“ als Lesebrille für die Bildungsintentionen des Lukas. Denn das lukanische Doppelwerk lässt sich umgekehrt, trotz fast zweitausendjähriger Zeitverschiebung, als Vorausblick auf das Franziskus-Prinzip lesen:

1. Lange vor der Erderwärmung heißt *Nachhaltigkeit* bei Lukas, heiße Konflikte um Vormacht in den Wettstreit ums gemeinsame Gute für alle Welt zu deeskalieren. Zwecks Inklusion verlagert Lukas‘ Story der Jesusbewegung die Aufmerksamkeit von der *In-Group*-Szenerie des Judentums auf die Mission der Völker. Nicht, weil alles einfach ist, sondern weil Beziehung Weg und Ziel des Evangeliums ist, schreibt Lukas: „Sie hielten an der Lehre der Apostel fest und an der Gemeinschaft“ (Apg 2,42). Diese Lehre aber soll und kann alle Welt verbinden, wenn Menschen das wollen, sagt das Ende der Apostelgeschichte (Apg 28,30-31).

2. Lukas‘ *Minimalismus* referiert mit reichem Erzählstoff auf eine schlanke Theorie. Es geht ihm um die Minimalforderungen, Destruktives zu unterlassen und Gutes zu tun. Lukas diagnostiziert Macht- und Konsumgier als Reflex der Verlustangst. Dagegen setzt er die Therapie, Lebenslust zu lernen an fair geteilten Lebensmitteln. Nicht Selbstkasteiung, sondern gewaltfreie Beschaffung mit durchaus lustvoller Verkostung, das ist die Minimalforderung des Lukas. Mit

der Speisung der 5000 inszeniert Lukas die Befähigung zum Teilen von materiellen und immateriellen Gütern, von *Fingerfood* und sozialer Sensibilität. Beide Güter sind knapp! Trotzdem: Es geht noch was, und zwar überraschend viel, zwölf Körbe sind übrig! Der Übergang von Misstrauen in Vertrauen birgt ungeahnte Chancen! (LK 9,10-17). Das *happy end* des Apostelkonzils feiert das Lebensmittel des sozialen Zusammenhalts ohne sinnleere Gängelung. Nicht Beschneidung und Speisegesetze reinigen. Der Heilige Geist reinigt die Herzen. Der Geist ist die göttliche Schöpferkraft in uns. Die göttliche Liebesenergie befähigt unsere eigene Liebesfähigkeit. So kann authentische Jesusnachfolge, Gottes-, Nächsten- und Feindesliebe gelingen. In der Resonanz der Liebe hebt sich die Lebensqualität aller Beteiligten. In Siegspielen erniedrigen sich auch die Gewinner. Leben auf Kosten anderer ist nicht das Niveau, das mit Kooperation möglich gewesen wäre. Freilich, Kompromisse verlangen den Verzicht auf die Durchsetzung von Teilinteressen. So aber wird das höhere Gut des *win-win* erst erlebbar. Den Benefit dieses Einigungsprozesses zeichnet Lukas mit seinem Konzilsbericht nach. So ereignen sich Teilen und Heilen, anstatt Dominanz und Verwundung! (Apg 15,8-11).

3. Im Transformationsstress vom Schlechten zum Guten braucht es die Disziplin der *Freundlichkeit*. Kann man sich Freundlichkeit abringen? Lukas' Idee von Freundlichkeit ist die einer kommunikativen Grundhaltung, nämlich Widerstandskraft gegen die Ansteckungen der Hässlichkeiten zu entwickeln. Nicht weil alles schon so gut wäre, sondern gerade weil es sozial stressig ist, braucht es die unerschütterli-

che Bereitschaft zu vergeben, siebenmal am Tag. Lukas weiß, dass Freundlichkeit in Konfliktsituationen unseren unmittelbaren Rachegelüsten zuwiderläuft. Deshalb spricht Lukas von der Pflicht zu vergeben (Lk 17,3b-4). Im Akt der Pflicht stellen sich Menschen auf nachhaltige Weise den Negativübertragungen auf ihre Konfliktpartner:innen und der eigenen Unlust zur Kooperation. Die authentisch gelebte Pflicht rettet aus den Niederungen des schlechteren Selbst. Unser besseres Selbst will sich die Entschlossenheit zur Menschenfreundlichkeit im Konflikt abringen. Daraus erwächst der Verzicht aufs Abkanzeln: „Richtet nicht!" Dann aber können Racheenergien umgewandelt werden in Durchhaltevermögen für Fehlerfreundlichkeit. Das Konfliktwissen um den Splitter im Auge der Gegener:innen kommuniziert Kritik zwar deutlich, aber als echte Einladung an das bessere Selbst der anderen. Dazu gehört, Verständnis für Trotz und Blockaden von Gegner:innen aufbringen zu wollen. Dieser Wille aber motiviert sich daraus, nichts Wesentliches zu verdrängen – auch nicht den Zugang zum wenig schmeichelhaften schlechteren Selbst des eigenen Ich: Gutes Selbstbewusstsein weiß um die Balken im eigenen Auge. Daraus erwächst stressfestes Mitgefühl, das Versöhnung zwecks Kooperation schaffen kann. Wahrlich keine leichte Aufgabe, Narzissmus in wahre Selbstliebe zu überführen. Doch nach Lukas loht sich dieser Transformationspfad: Menschen werden frei von Heuchelei! (Lk 6,37-42). Keine schlechten Aussichten! Denn Ehrlichkeit erlöst vom Stress des Vorspiegelns falscher Tatsachen.

4. Es braucht *Fürsorge* gegen Achtlosigkeit oder Ausbeutung. Ignoranz und Unterdrückung, beides sind Formen von Gewalt. Gewalt aber tötet: Bedürfnisse bei lebendigem Leib oder ganze Körper. Fürsorge dagegen ist schöpferisch: rettet, bewahrt, fördert und bereichert Leben. Sorge für alles Lebendige schafft Biotope, ökologische Räume, ermöglicht körperliche Selbstbestimmung, schafft soziale Verbindlichkeit und Transzendenzfähigkeit. Lukas erzählt von drei Transzendenzerfahrungen, also vom Ereignis, dass Menschen die Kontrolle über ihr Leben im Guten wie im Schlechten entzogen ist: Die erste Transzendenzerfahrung ist positiv: Zusammen sind wir stärker! Ich habe beigetragen, aber längst nicht alles bewirkt! Das Präfix ‚inter' des Begriffs Interaktionen bezeichnet Resonanz. Der Abwärtstrend des Runterredens ist möglich. Oder aber ein substantielles Mehr!, für Lukas das Ereignis von Pfingsten: Fremde, zusätzlich energetisiert, erfüllt vom Heiligen Geist, werden plötzlich sprachfähig! Wo Abgrenzung war, ist jetzt Vernetzung möglich (Apg 2,3).

Die zweite Transzendenzerfahrung ist negativ. Es handelt sich um Bedrohungserlebnisse: Ich falle unter die Räuber (Lk 10,30)! Die dritte Transzendenzerfahrung vermittelt den Sinn des Ganzen: Es muss mehr als alles geben! Gottvertrauen ist für Lukas eine Grunderfahrung offener Menschen, die es wagen, ihre Interessen gewaltfrei zu artikulieren: „Bittet, dann wird Euch gegeben! Denn wer bittet, empfängt!" (Lk 11,9-10) Menschen, deren oberstes Ziel die Suche nach dem eigenen Vorteil ist, leben in einer grundsätzlich anderen Welt, gottlos: gefangen in „finsteren Körpern mit finsteren Gedanken" (Lk 11,35-36). Denn nachhaltiges Vertrauen in die

Welt nährt sich aus Gottvertrauen. Mit der Metapher vom kleinen Senfkorn wirbt der Jesus des Lukas dafür, der eigenen Glaubenskraft trauen zu lernen. Wer von einem Transformationsprojekt überzeugt ist, kann Erstaunliches bewirken: „kann den Maulbeerbaum mit Wurzeln aus dem Boden heben und ins Meer verpflanzen“ (Lk 17,5-6). Selbstobsession ist eine schlechte Ratgeberin. Dagegen erwächst aus dem Selbstvertrauen, fähig zu sein für die gute Sache, Fürsorge über die engen Grenzen der Sicherung der Eigeninteressen hinaus. Fürsorge aber unterscheidet Lukas nach den Kriterien der modernen Organisationsentwicklung nach Fähigkeiten: Wer kann auf welche Weise wie lange helfen? Welche Kooperationspartner:innen sorgen mit? Bei allen unterschiedlichen Fähigkeiten geht es dennoch um dialogische Aufmerksamkeit, nicht um Überhelfen. Lukas‘ Prototyp dieser Konzeption von Fürsorge ist der *Barmherzige Samariter*. Soziale Fürsorge aber identifiziert Lukas mit Selbstbildung und Gottesdienst: *Spiritual Care!* (Lk 10,25-37).

5. Und *Zuversicht* ist vonnöten, der resiliente Blick der Hoffnung: Das Glas ist halb voll, nicht halb leer! Im Stress zwischen Gelingen und Scheitern befähigt Zuversicht, problembewusst und konstruktiv zu gestalten, ohne verlustängstlich den Teufel an die Wand zu malen. So werden Gewaltkreisläufe im Kampf um knappe Güter nachhaltig unterbrochen. Die Zuversicht auf mein möglichst unbestechliches Wohlwollen ermöglicht gerechte Güterverteilung. Gerechte Einkommen und unparteiische Wertschätzung wandeln die Welt der Ungleichheit. Lukas durchwebt seinen Textcorpus mit dieser Kontraproduktivitätsdiagnostik zwecks Motiva-

tion zu fairer Kooperation, etwa mit den Gleichnissen in Kapitel 12 „Von der falschen und der rechten Sorge“ (Lk 12,22-32), „Vom treuen und schlechten Knecht“ (Lk 12,35-48) oder in Kapitel 19 „Vom anvertrauten Geld“ (Lk 19,11-27). In Kapitel 20 mit dem „Gleichnis von den bösen Winzern“ inszeniert Lukas Jesus als Modellierer des Zukunftsszenarios seines eigenen Todes. Jesus ist Mitwisser und adressiert als solcher seine zukünftigen Mörder. Das Modell des Gleichnisses besagt: Weil Jesu Machtmissbrauchskritik ins Schwarze trifft, diese aber um des Machterhalts willen um jeden Preis abgewehrt werden soll, muss Jesus sterben. Unwahrheit lebt vom Kaschieren der Wirklichkeit: *Die Schriftgelehrten und Hohepriester hätten gern noch in derselben Stunde Hand an ihn gelegt; aber sie fürchteten das Volk. Denn sie hatten gemerkt, dass er sie mit dem Gleichnis meinte“* (Lk 20,19). Gegen das Modell des Todes setzt Lukas Jesu Modell des Lebens. Der Pfad der Nachhaltigkeit ist Lebensförderung. Dieser Weg führt zum „Schatz“: Unbedingt zu schätzen ist jene Wandlungsfähigkeit, Unrecht durch Gutes zum Guten umzugestalten. Freiwillig Gutes zu tun, nimmt die Angst, zu kurz zu kommen, bereichert, macht großzügig, macht den Reichtum der Schöpfung erst sichtbar, macht fähig, sich an „Grashalm und Lilie“ in ihrer Schönheit zu freuen (Lk 12,28-31). Der Zugang zu diesem Reichtum bleibt im Stress gieriger Materialschlachten verstellt. Statusgewinne sind nach Lukas ohnehin „brüchige Geldbeutel“, den „Motten“ preisgegeben, bald schon vom Nächststärkeren übertrumpft! Zuversicht dagegen ist einkommensunabhängige und sozialsensible Großzügigkeit, die aus dieser Welt einen besseren Platz macht. Das ist der „Schatz“ ohne Verfallsdatum mit dem Ökosiegel: nachhaltig in Zeit und Ewigkeit (Lk 12,33-34).

6. *Spiritualität*, das Verbunden-sein mit Gott, wird bei Lukas gerade nicht als Opium des Volkes angeboten. Zurecht entlarvt Karl Marx den Missbrauch rein vertröstender Hoffnung. Spiritualität nach Lukas aber hat Sprengkraft auf Erden, wenn sie gelebt wird! Lukas berichtet, wie sich gute Kommunikationsstandards in Gruppen unter Druck rasant verschlechtern. Keiner der 5000 Zum-Teilen-Befähigten aus der Szene der wunderbaren Brotvermehrung bewahrt Zivilcourage (Lk 9,10-17). Unter Druck kippt der Mob: *Ans Kreuz mit ihm!* Mit ihrem Geschrei setzen sie sich durch, berichtet Lukas (Lk 23,13-25). Jesus stirbt verlassen am Kreuz als Opfer der Mächtigen und als Opfer des Mobs. Dennoch, die gute Gruppendynamik, die Befähigung zum Teilen war keine Illusion. Gruppen können im Guten über sich hinauswachsen. In allen Entscheidungskrisen markiert Lukas die spirituelle Ressource des Gottesglaubens. Glauben ist die Offenheit für das Einfließen der göttlichen Liebe, erlebt als Gratis-Heilwerden und als Upgrade menschlicher Liebesfähigkeit. Lukas erzählt, wie Jesus dem blinden, jetzt sehenden Bartimäus und den Umstehenden Selbstwirksamkeit gibt: „Dein Glaube hat Dir geholfen!“ Der Mob wird zur Glaubensgemeinschaft: Bartimäus sollte der Mund verboten werden in der Überzeugung, die Welt muss aus Sieger:innen und Verlierer:innen bestehen (LK 18,39). Plötzlich glauben sie an Inklusion: *„Und das ganze Volk, das dies gesehen hatte, lobte Gott“* (Lk 18,43).

Doppelter Brennpunkt: Das Ende der Freund-Feind-Welt & Macht als Dienst

Wenn es gelingen konnte, die sechs Perspektiven des Franziskus-Prinzips fruchtbar auf die Erzählziele des Lukas rückzuprojizieren, um Instruktionen für die ökologische Transformation heute herauszuarbeiten, lässt sich diese Sechspunkteliste nochmals minimalisieren. Die Texte des Lukas kreisen um zwei Brennpunkte, um die es auch einer *Care-Ethik* heute geht: Zum einen geht es Lukas um die absolut großzügige Überwindung der Freund-Feind-Dynamik, zum anderen um ein neues Machtideal. Erstens: Absolut niemand soll verloren gehen! Lukas erzählt auf dieses ökologische Ziel hin, auf eine Schöpfung, eine Menschheit! Das ist die Sinnspitze des sog. lukanischen Sonderguts. Hier feiert der Evangelist das Glück vom Wiederfinden des Verlorenen: Schaf, Drachme, Sohn (Lk 15), nichts und niemand darf fehlen! Zweitens verlangt diese Inklusion des Kleinsten und der Schwächsten einen neuen Machtgebrauch: vom Herrschen zum Dienen: *Servant Leadership* (Lk 22). Existentiell anspruchsvoll! Logisch simpel! Lukas' Botschaft befähigt klar und einfach und konfrontiert radikal: Die Minimax-Regel der Großzügigkeit genügt! Sich gegen die Liebe zu entscheiden, ist möglich, führt aber früher oder später unausweichlich in Selbst- und Fremdzerstörung (Lk 12, 49-57). Das Urteil des Lukas zu den Folgen kontraproduktiven Verhaltens ist drastisch.

Im Anschluss an die Sondierung des Lukas-Stoffs anhand des „Franziskus-Prinzips" hier ein zweiter Überblick zur Kontraproduktivitätsvermeidung vom Erzählbogen des

Lukas her. Wie konstruiert Lukas die Dramaturgie seiner Motivations- und Warnschrift? Und welche Anleitung ergibt sich daraus für heutige Konfliktbewältigung?

Literatur: Green, Joel: I must preach the good news of God's kingdom. Jesus and his mission, in: Ders.: Discovering Luke, London 2021, S. 162-189. Nussbaum, Martha: Bedingungslose Vergebung, in: Dies.: Zorn und Vergebung, Darmstadt 2017, S. 110-114. Palaver, Wolfgang: Die biblische Offenbarung, in: Ders.: René Girards Mimetische Theorie, Münster 2003, S. 251-346. Söding, Thomas: Gottes- und Nächstenliebe, in: Ders.: Die Verkündigung Jesu. Ereignis und Erinnerung, Freiburg 2014, S. 529-604.

II. Lukas' Storytelling für eine bessere Welt

Mit 24 Kapiteln Evangelium und 28 Apostelgeschichte liefert Lukas bewusst keine minimalistisch angelegte Komposition. Der Evangelist Markus hält sich kurz. Lukas bietet reichhaltig Erzählstoff. Als spiritueller Autor weiß er, Moral ist ein knappes Gut. Gerade deshalb eröffnet er großzügig die vielfältigen Erzählräume, die das Leben schreibt. In diesen Räumen soll sich eine diverse Leserschaft mit ihren Hoffnungen und Nöten wiederfinden können. Denn auch die Lebenswege von Jesus, seinen Jünger:innen und den jungen Gemeinden sind geprägt von kulturellen Differenzen und der Suche nach Verständigung. Lukas erzählt milieusensibel von Gelingen, Rückfällen und neuen Versuchen. In all diesen Räumen eröffnet er die Meditation von Unverfügbarkeit mit. Davon war unter dem Stichwort Transzendenzerfahrung im Abschnitt zum „Vierten Franziskusprinzip Fürsorge" bereits die Rede. Lukas' Plot, so war die Behauptung, ist zeitlos, kann damals wie heute zum gottvollen do-it-yourself animieren: zum Meditieren von Ohnmachten, zum Ablassen von Unmöglichem, zum Einüben von Fähigkeiten gemäß der frohen Botschaft. Dazu kreist der reiche Stoff des Storytellings, wie eingangs benannt, um eine Minimalforderung: Mehr Nächstenliebe, inklusive Feindesliebe! Unparteiische Achtsamkeit ist der wahre Gottesdienst des *Barmherzigen Samariters* (Lk 10). Mit dem Fokus auf Großzügigkeit, auf Mitmenschlichkeit ohne Grenzen, antizipiert Lukas erzählerisch die Menschenrechte, die im Jahr 1948 erklärt werden. So kann die gewaltgeschüttelte Welt zur Schöpfung werden! (Lk 22).

Lukas ist Botschafter für Großzügigkeit und stellt sich als liberaler Schriftsteller vor. Mit dem Jesus-Programm will er überzeugen können, nichts eintrichtern. Nur selbst durchdacht können Einsichten nachhaltig von kontraproduktiven Überlebensreflexen befreien und zu einer stressfesten Kultur der Gewaltfreiheit befähigen. Das Ende der Apostelgeschichte evaluiert den Erfolg dieses Bildungsprojekts. Hier also ein Blick in Kapitel 1 des Evangeliums sowie auf das Ende der Apostelgeschichte. Daraus ergibt sich ein Zugang zur Hermeneutik des Lukas, seiner Lehre vom Verstehen als Prozess. Dieser Zugang soll auch durch moderne Wissenschaftsbeiträge der Befreiungstheologie, der Entwicklungspsychologie und der Evolutionsbiologie interpretiert werden.

Literatur: Edenhofer, Annette: Schule der Feindesliebe, Innsbruck 2020, S. 120-122. Edenhofer, Ottmar: Moral ist eine knappe Ressource, in: Zeitzeichen (25.02.22). Green, Joel: Discovering Luke, London 2021, S. 65.

1. THEORIE-PRAXIS-PROJEKT FÜR NACHHALTIGKEIT

Gleich die ersten vier Verse des Evangeliums geben Auskunft über Lukas' Theorie-Praxis-Projekt zur Weltverbesserung. Für seinen „sorgfältigen Bericht" benennt er zwei Qualitätskriterien: die „Zuverlässigkeit der Lehre" und das „Sich-selbst-Überzeugen" (vgl. Lk 1,1-4). „Zuverlässigkeit" lässt sich heute übersetzen mit „Nachhaltigkeit". Das Öko-Siegel der Lehre garantiert, in der Praxis nicht zu Mitteln zu greifen, die auf Dauer und im Ganzen kontraproduktiv wirken, also gute Ziele untergraben. Folgerichtig bekennt sich Lukas zum Sprechakt des Überzeugens, heute diskursethischer Standard gewaltfreier Kommunikation. Wer dagegen kommunikativ habgierig oder geizig ist, übt Gewalt aus, ist mitunter zunächst durchsetzungsstärker, mag sogar zuweilen formal im Recht sein, schafft sich aber letztlich die Feind:innen von morgen selbst und verfehlt sein Glück. Diese Theorie erweist Lukas paradigmatisch an der Figur des älteren Bruders im Gleichnis vom barmherzigen Vater. Und tatsächlich ist Rechthaben um den Preis der Isolation kontrollierbarer als fehlerfreundliches Sozialengagement (Lk 15). Mit dieser Lehrintention für eine kontraproduktivitätsfreie Sozialpraxis wirbt Lukas vorauseilend für die Hypothese des Sozialpsychologen Kurt Lewin (1890-1947): *„Nichts ist so praktisch wie eine gute Theorie."* Lukas und Lewin sind sich über fast zwei Jahrtausende einig in der Sache: Wer die Motivationen von kurzsichtigem Interessensmanagement kennt, das Solidarität unterminiert, hat noch nicht die Lösung, bewegt sich aber auf dem Boden der Tatsachen, auf dem die Entscheidung zur Mitmenschlichkeit zum nachhaltigen Projekt ausgestaltet werden kann. Lewin, durch die Nazis zur Emigration in die USA gezwungen, forscht sein Leben lang über Kommunikationsbedingungen mit Blick auf Gelingen und Scheitern von Gruppenzusammenhalt. Ähnlich entschieden scheint Lukas: Wo Solidarität fehlt, muss im Sinne des Lastenausgleichs der bisher Ausgeschlossenen erzählt werden und Versöhnung zur *condito sina qua non* erklärt werden (Lk 12,58-59). Dazu inszeniert Lukas sein erstes Bild bewusst am gesellschaftlichen Rand. Die galiläischen Landfrauen Elisabeth und Maria sind die Protagonistinnen der Emanzipation nach Gottes Plan. Maria singt das Magnificat in alter prophetischer Tradition gegen soziales Unrecht, das Gott lästert.

Literatur: Green, Joel: Discovering Luke, London 2021, S. 211-213. Knauer, Peter: Der Glaube kommt vom Hören, Freiburg 1991, S. 98-103. Lewin, Kurt: Problems of Research in Social Psychology, in: Field Theory in Social Science; Selected Theoretical Papers, ed. by D. Cartwright 1951, S. 169. Palaver, Wolfgang: Mythische Politik, in: Józef Niwiadomski / Wolfgang Palaver (Hg.): Vom Fluch und Segen der Sündenböcke, Wien/München 1995, S. 174-175.

2. DAS MAGNIFICAT – THEORIETEST IM ABSEITS

Gott ist Frauenrechtler:in

Lukas beschreibt das Jesus-Programm als Ideal des praxisaffinen Theorietyps und beansprucht kulturinvariante Gültigkeit. Deshalb startet der Bericht im galiläischen Hinterland und endet in Rom. Dort wird Macht gemacht, die alle beherrscht. Das Reformprojekt vom Beenden des ausbeuterischen Freund-Feind-Schemas, von Macht als Dienst, schafft es nach Lukas' Plot tatsächlich bis ins Zentrum der hegemonialen Macht. Initiiert und legitimiert aber wird die neue Macht im Abseits. Lukas' zentraler Schauplatz ist der Rand. Das erste Erzählmotiv ‚Maria-Elisabeth' ist Lukas' erster Theorietest für Inklusion: Bildung für Bildungsferne, für Frauen im Hinterland des römischen Reiches, weil sie im wahrsten Sinne des Wortes *empfänglich* sind! Nach Lukas ist es nichts weniger als Gottes Regie selbst, die soziale Randfiguren zu Protagonistinnen machen will. Die Maria des Lukas singt in Kooperation mit dem Regisseur das Magnificat: *„Er stürzt die Mächtigen vom Thron und erhöht die Niedrigen!"* (Lk 1,52). Nicht Rache, sondern Lastenausgleich ist das Thema. Aber gerade das friedfertig einladende Überwinden von oben und unten ist ein Kampf. Alle, die Vormacht haben, tun sich schwer mit Gewaltenteilung. Immer wieder scheint Eskalation zwecks Unterwerfung gewinnbringender als Kooperation. Wie im Abschnitt zum dritten Franziskus-Prinzip *Freundlichkeit* erläutert, ist für Lukas Vergebung Plicht, weil alternativlos für Deeskalation (Lk 17,3b-4). Mit dem Wort vom Kreuztragen benennt Lukas die Kosten. Friedfertig ausgehandelte Kompromisse verlangen, Vitalinteressen sterben zu lassen. Zivilcourage unter anhaltendem Druck kann das Körperleben kosten. Das Wort vom Nutzen des Kreuztragens (Lk 9,24) klingt verdächtig autoaggressiv. Lukas verweist auf den Lohn im Himmel als Kompensation (Lk 9,23-27).

Himmlischer Lohn!? Was hilft das heute, wenn in modernen, ausdifferenzierten Gesellschaften der Transzendenzglaube verdunstet? Der tschechische Bürgerrechtler Vaclav Havel identifiziert diesen Lohn auch ohne Jenseitsglauben als Lebensgewinn: Unter Druck authentisch zu bleiben, werde belohnt durch die Erfahrung, frei zu sein. Unbestechlichkeit zu wagen, lohne sich unbedingt – nicht, weil Engagement sicherstelle, dass etwas notwendig gut ausgeht, sondern weil es selbst im Scheitern unbedingt Sinn gehabt habe, möglichst zivilcouragiert zu handeln. Havels Einsicht ist handlungstheoretisch beste Lukas-Exegese. Die frustrationsbereite und damit resilient gewaltfreie Kampfbereitschaft birgt zu allen Zeiten lebenswichtiges Friedenspotenzial in der Welt der Ungleichheit. Für Lukas speist sich dieser Kampfgeist aus Gottesglauben, für Havel ist es der Glaube ans bessere Selbst. Bis heute also gibt es beste Gründe, das emanzipatorische Lob- und Kampflied des Lukas noch zu singen!

Marias Kampflied, *Old School* der Psalmen für Inklusion

Seine Ouvertüre für eine bessere Zukunft kennzeichnet Lukas bewusst als *altes Lied.* Die Vision gewaltfreier Machttransformation in Gerechtigkeitskrisen ist ureigenste jüdische Erzähltradition der Psalmen und der Prophet:innen: Ursurpator:innen werden durch konfrontative Überzeugung entmachtet! Gewaltfreiheit ist die Botschaft der reifen biblischen Erzähltradition. Die Texte selbst sind Mischgewebe. Die Bibel ist ein offenes Werkstattbuch, das Einblick in die Mühen des gewaltfreien Lernens gibt. Durch die Psalmen klingen die Kriegslieder der Landnahmezeit durch. Immerhin, über 90 Lieder nehmen kulturinnovativ nicht die Sieger-, sondern die Opferperspektive ein wie das Magnificat. In vielen Psalmen trägt Jahwe noch Züge eines rächenden Kriegsgottes. Maria singt ohne diese Dissonanz: für fairen Lastenausgleich, nicht für Rache. Die Autor:innen der Bibel finden in ihren Lebensdeutungen erst allmählich zum Exodus aus der eigenen Gewalt. Sie erkennen ihre Erzählungen vom gewalttätigen Gott als eigene Projektion. Diese Dokumente werden nicht kaschiert, sondern durch Einschübe von rachefreien Friedensbotschaften im Text kommentiert. In diesem Kontrast aber wird die neue Erzähltradition lesbar, die von Gottes Allmacht, die in der Liebe kulminiert. In den Texten erscheint der Schöpfergott aller Welt. Unter seiner Herrschaft ist alles erlaubt, nur nicht Gewalt und Krieg. Davids Schleuder steht für legitime Selbstverteidigung und Deeskalation. Der Gott des leidenden Gottesknechts bei Jesaja aber steht für radikale Gewaltfreiheit, für die Fähigkeit zu lieben, wenn alle Resonanz ausbleibt. Auch Atheisten wie Havel können diesen Sinn teilen! Lukas jedenfalls nutzt die literarischen Traditionen der Bibel Jesu, um vom Gott Jesu Christi zu erzählen und davon, wie ihm zu dienen ist: Der Kampf mit Liebe für mehr Liebe verlangt Leidensbereitschaft, Kreuztragen (Lk 9,23-25) von allen, die dem Programm folgen wollen (Lk 9,23-25).

Im Extremfall verlangt dieser Kampf sogar das Martyrium. Der Auferstandene bei Lukas zitiert im Gespräch mit den ernüchterten Emmaus-Jüngern Risikobewusstsein und Zukunftsmodellierung prophetischer Existenzen: Gerechte leben lebensgefährlich in der Welt des Hasses! Der Körpertod für Gerechtigkeit ist nicht das Lebensende, sondern Herrlichkeit, lässt Lukas Jesus argumentieren. Jesus nämlich hat Lebenserfahrung – und zwar im Glauben: Das persönliche Profil gewaltfreier Interaktionen ist das spirituelle Leben, kein Deut weniger real als unsere biologische Existenz. Unsere geistlich soziale Identität entzieht sich gewalttätiger Körpervernichtung, ist aufgehoben im Raum Gottes. Diesen Glauben Jesu macht Lukas hier erzählerisch stark, um uns von unserer spirituellen Identität zu überzeugen (Lk 24,25-27). Sollte sich dieser Glauben am Ende bewahrheiten, trägt er schon in der Zeit über die Klippen des Kleinbeigebens aus Angst hinweg. Und nicht immer führt Zivilcourage zum Körpertod, sondern zu beachtlichen Humanisierungserfolgen. Die Friedensforschung von Maria Stephan und Erica Chennoweth *„Why civil resistance works" (2008)* zählt über 50 erfolgreiche Bewegungen, die gewaltfrei politische Systemwechsel bewirkt haben. Omar Wasows Forschung belegt die langfristige Transformationskraft aus durch *Agenda Seeding* ziviler Widerstandsbewegungen (2020). Die Magnificat-Politik ist nach Lukas die viel zu wenig praktizierte Gottesdiensttradition des Samariters (10,37). *Mehr Liebe in Zeiten der Gewalt!,* lautet die minimalistische Transformationstheorie nach Lukas. Dass diese Botschaft in bester Tradition steht, will Lukas durch das Stilmittel des „alten Liedes" erweisen. Das Magnificat reaktiviert die Tradition der Psalmen,

David, dem ersten König, zugeschrieben. Lukas' literarischer *Old-School*-Kniff soll auch die normative Grundlage reaktivieren. Davids Herrschaftskultur war nicht unfehlbar, aber erfolgreich durch sein Deeskalationsprinzip ‚Schleuder gegen ein Philisterheer'. Auch mit dem Motiv des rituell unkundigen Samariters als wahrem Gottesdienstbeauftragten spannt Lukas den Bogen hin zur frühen Friedenstradition im 8. Jh. v. Chr bei Hosea: *„Denn an Liebe habe ich Gefallen, nicht an Schlachtopfern, an Gotteserkenntnis mehr als an Brandopfern."* (Hos 6,6) Wenn Liebe der Punkt ist, kann es der Jesus-Minimalismus im 1. Jh. n. Chr. schaffen?

Literatur: Green, Joel: Discovering Luke, London 2021, S. 50-56, 88-92,130-138, 148-161; 192-204. Havel, Václav: Am Anfang war das Wort, Reinbek 1990, S. 143. Havel, Václav: Moral in Zeiten der Globalisierung, Reinbek 1998, S. 86-87. Schwager, Raymund: Brauchen wir einen Sündenbock?, in: Ders.: Gesammelte Schriften, Bd. 2, Freiburg 2016, S. 155-175. Stephan, Maria J. / Cennoweth, Erica: Why civil resistance works, in: International Security, 33 (1/2008), S. 7-44.

3. LUKAS' PISA-STUDIE FÜR DEN LEHRBETRIEB DES PAULUS

Die Abkürzung *PISA bedeutet Programme for Internatinal Student Assessment*; Assessment, dt.: Schülerbewertung. Lukas' Finale der Apostelgeschichte ist eine solche Lehrevaluation, moderat optimistisch: Lernziel ist die Zukunftsvision von Gottesdienst als Liebe: Nicht Nettigkeit im eigenen Club, sondern Wohlwollen ohne Standesdünkel unter Menschen, weil sie alle Geschöpfe des einen Schöpfers sind! Paulus eröffnet eine mobile Schule für Inklusion. Er verfasst Lehrbriefe, besucht die von ihm gegründeten Schulstandorte und gründet weiter aus. Lukas verfasst retrospektiv den Schulentwicklungsplan des Völkerapostels. Das Schlusskapitel der Apostelgeschichte zeigt Paulus selbst im Schuldienst in Rom. Der Schulstandort, seine Einzimmerwohnung, ist bescheiden. Seine Lehrtätigkeit aber hat gute Bewertungen gerade im nicht-jüdischen Umfeld: *„Den Heiden ist dieses Heil Gottes gesandt worden!“*, der Vers ist gefolgt von Lukas' Defizitanzeige: Israel ist tendenziell beratungsresistent (Apg 28,27-28). Der Paulus des Lukas ist Fachmann für diesen Lernwiderstand. Als Saulus war er selbst bildungsresistent, jüdisch konservativer Religionskrieger, Initiator der Ausrottung der jungen Reformbewegung der Christ:innen. Nach seiner Bekehrung ist er *community organizer*. Er gründet Gemeinden, vernetzt Kulturen und streitet mit Argumenten gegen eingefleischte Höherwertigkeitsansprüche aus Religionstraditionen, Klassen- und Geschlechterunterschieden. Paulus hat Frauen im Team, Lydia und Phoebe, auch wenn sich seine zeitgebundene Misogynie offenbart: Frauen haben in der Versammlung zu schweigen! (1 Kor

14,34). Der Paulus des Lukas ist Bildungspromotor für Mitmenschlichkeit. Im *leading by walking around* scheut er keine Wege. Lukas konstruiert Paulus wertschätzend als *peacemaker* auf dem Apostelkonzil und als fähige Lehrer- und Gründerpersönlichkeit. Der Autor Lukas zeichnet sein eigenes Anliegen durch die Figur des Paulus, den er als fairen, aber streitbaren Diskursethiker schildert. Der Erzählbogen des Doppelwerkes insgesamt offenbart diese Position des Autors: Lukas akzeptiert Gegner:innen, die er als Diagnostiker warnt. Nur die Minimalversion des Evangeliums garantiert nachhaltig Frieden und bewahrt vor kontraproduktiv gewalttätiger Ignoranz oder Repression: *Nächstenliebe ist notwendig Feindesliebe* (Lk 6). *Legitime Macht muss dem Leben dienen* (Lk 22). Dass gerade die jüdische *Community* Paulus und damit den Reformfokus der eigenen Friedenstradition der Völkerwallfahrt zum Zion (Zef 3,10; Jes 18,7; Ps 68,30-32; Jes 45,14) definitiv ablehnen wird, scheint sich in Lukas' Bericht um 70 n.Chr. bereits abzuzeichnen (vgl. Apg 28,26-31): *„Bei diesen Worten verließen ihn die Juden und stritten heftig miteinander."* (Apg 28,29) Und heute? Was lässt sich vom Konfliktwissen des Lukas aktuell lernen?

Schule für Befreiungstheologie und Völkerverständigung

Bis heute streiten Religionslager, Religionen und Menschen ohne Gottesglauben untereinander und miteinander. Brüche sind vorprogrammiert. Streiten aber ist ein Signum von Interesse. Konfliktenergien können, auf gewaltfreie Weise genutzt, fruchtbar werden. Das lukanische Doppelwerk dokumentiert Kommunikationsabbrüche und Vernetzungen. Heute hat die Enzyklika *Laudato si* seit 2015 weltweit Forschungs-, Bildungs- und Transformationsprojekte für Nachhaltigkeit inspiriert. Die Kirchen finden langsam in ihre neue Rolle als Partner im Dialog zur Weltverbesserung, z.B. wenn der Vatikan seine Stimme unter anderen für die Bewahrung der Schöpfung in ein säkulares Konzil einbringt, in die IPCC-Verhandlung in Glasgow 2021.

In diesem Sinne hebt Joel Green in seinem Lukas-Kommentar aus dem Jahr 2021 besonders die zeitlose befreiungstheologische Option des Lukas hervor: Die *pax romana* habe in jedem Moment und in allen Winkeln des römischen Reiches in gewaltsam erzwungenem Frieden bestanden. Unterdrückung und Ausbeutung hätten den Wohlstand der Eliten gesichert. Das Erzählprofil des Lukas setze seine Leser:innenschaft durchgehend der römischen Übermacht aus, um für eine Machtalternative zu werben. Mit dem Magnificat nämlich fange der Friede des Auferstandenen bereits an. Werde dieser Friede zur Bewegung, so Green, könne kein Stein der alten, repressiven Machtkonstruktion auf dem anderen bleiben. Die Sprengkraft des Friedens ohne Klassen und ohne Ausgeschlossene habe Rom anerkannt und gefürchtet. Aus dieser Angst vor Machtverlust seien die Christ:innenverfolgungen zu erklären.

Das römische Reich ist untergegangen. Die Welt der Ungleichheit aber hat im 21. Jh. weiter schmerzlich Bestand. Der fast 2000 Jahre alte Text des Lukas ruft aktuell zu Emanzipation. Die weltweit über zwanzig kriegerischen Auseinandersetzungen zum Jahreswechsel 21/22 ließen sich in durchaus spätkolonialer Ignoranz leicht verdrängen. Seit dem 24. Februar 2022 aber ist Europa von der „Nahtoderfahrung" des Ukrainekriegs plötzlich betroffen: Was lehrt das Programm des Magnificat dazu? Was bedeutet es, die Mächtigen, die Gewalthaber, vom Thron zu stoßen, wenn das Ideal gewaltfreier Kommunikation unter Druck doch Bestand haben soll? Militärische Verteidigung, Embargos, gewaltfreier Widerstand? Gerade in der prophetischen Tradition des gerechten Zorns muss um wirksame und nachhaltige Maßnahmen gerungen werden können, ohne sich gegenseitig guten Willen abzusprechen. Wollen wir mit Blick auf den Ukrainekrieg wirklich diejenigen sein, die russisches Öl kaufen, um ihren Konsumstandard zu sichern, Putins Krieg finanzieren und Wehrlose hängen lassen? Nein!?

Worin aber besteht nachhaltige Solidarität mit Angegriffenen? Ein radikaler Pazifismus muss sich der Tasche stellen, de facto tatenlos mit dem vollen Ausmaß der Angriffsgewalt zu kollaborieren. Militärische und politische Repressionen nehmen ungehindert ihren Lauf. Absolute Gewaltfreiheit nimmt die Gewalt in Kauf, Eroberte ungehindert zu versklaven. Waffenlieferungen dagegen entkommen zwar dem Vorwurf billigen *appeasements*. Waffen aber eskalieren notwendig Gewalt. Ihr Einsatz ist friedensethisch überhaupt nur verantwortbar, wenn Verteidigungsmanöver an Verhandlungs-, Wiederaufbaumaßnahmen und eine großzügige Flüchtlingspolitik gekoppelt sind. Papst Franziskus will zwecks Deeskalation Parteinahme vermeiden. Gut und böse sei nicht den Kriegsparteien zuzuordnen. In bester Intention systemischer Achtsamkeit für die Bedürfnisse der Konfliktpartner vorgetragen, ergibt sich doch der Eindruck mangelnder analytischer Klarheit: *Wer fängt was aus welchen Motiven an?* Die neuste Forschung von Otto Kernberg, dem Entdecker der Borderlinestörungen, jedenfalls geht davon aus, dass Gewalt nicht nur aus Not, sondern auch aus Unterwerfungslust motiviert sein kann. Hegemoniegelüste stehen damit für Kernberg eher für geistige Deprivation als für Krankheit. Analytische Genauigkeit aber sollte gerade aus systemischer Sicht nicht eingeebnet werden. Franziskus hatte sein Pontifikat als beherzter Kurienkritiker begonnen. Mittlerweile aber wirkt die Irenik des Papstes fallweise nicht wie systemische Sensibilität, sondern wie Kleinbeigeben: Warum musste im Jahr 2021 erneut ein *Breve* auf den Weg gebracht werden, das Homosexualität im Widerspruch zum wissenschaftlichen Standard als Perversion brandmarkt? Krieg im Kleinen wie im Großen ist ein Dilemma!

Mit Lukas, so werden die Textbefunde zeigen, lässt sich zur Frage militärischer Auseinandersetzungen keine eindeutige Position begründen. Überdeutlich allerdings ist nach Green, dass Lukas' Berichte eindringlich vor Eskalation warnen, um Krieg zu vermeiden. Dazu gilt es, den Gewalttrigger der Entsolidarisierung zu durchschauen. Die Mühen der Zivilcourage für Partizipation auf sich zu nehmen, auf ideologische und wirtschaftliche Hegemonie zu verzichten, kann positiv anstecken und friedliche Kooperationen ungeahnt stark machen. Zu Anfang der Apostelgeschichte zeichnet Lukas das Bild einer Friedenskommune in Gütergemeinschaft. Von dieser jungen Jesus-Bewegung geht ein *community organi-*

zing aus, das ihr Wertschätzung seitens der Umwelt einbringt (Apg 2,43-47). Die vielen Friedensbewegungen der Welt heute zeugen von den guten Chancen annähernd gewaltfreier Transformation. Auch die Geschichte Europas bietet die Chance, gerechten Frieden auszubauen. Faire Freihandelsabkommen scheinen die Geschichte des Lukas von guter Nachbarschaft eher weiterzuerzählen als die Manöver der Grenz- und Küstenwache Frontex. Was seit der Krise erzwungener Migration im Jahr 2015 wie legitimer Selbstschutz wirkt, kann kaum anders als spätkolonialer Protektionismus mit systematischem Verstoß gegen die Menschenrechte begriffen werden. Lukas nennt Habgier „verdorben". Brotbrechen mit allen Menschen, ist sein Erzählziel (vgl. Apg 2,40-42). Ein fast harmloses Symbol, wäre das Ereignis gerechter Güterverteilung nicht bis heute unselbstverständlich. Lukas weiß um die mächtigen Hindernisse der Liebe. Heute teilt die Emotionstheoretikerin Martha Nussbaum diese Option für die Liebe. Mit Bezug auf Moralpsychologie und Evolutionsbiologie will Nussbaum ihre Theorie der Liebe für die Praxis einer versöhnten Welt stark machen. In ihrer Monographie *Politische Emotionen. Warum Liebe für Gerechtigkeit wichtig ist (2014)* definiert Nussbaum Liebe als Ja zur Welt. Diese positive Grundhaltung sei nötig, um die Widrigkeiten der Verteilungsgerechtigkeit zu meistern und das planetarische Selbstzerstörungsprogramm effektiv zu kontern. Hier ein Blick auf Nussbaums Grundthesen, die Lukas' Konzeption als zeitgmäß erweisen.

Zukunftsfächer: Entwicklungspsychologie & Evolutionsbiologie

Krisen versteht Lukas als Animation zum Bessermachen – dies im Wissen um den Umgestaltungsstress. Deshalb der typisch spirituelle Hinweis im Beipackzettel des ‚Heilmittels Hoffnung' auf Unverfügbarkeit. Wo keine Tatkraft da ist, soll nichts erzwungen, aber gehofft werden. Lukas beschreibt das Gebet um Furchtlosigkeit als Betrachtung von äußeren und inneren Hindernissen ohne Verdrängung und als Warten auf Inspiration (Apg 1,12-14; 4,23-31). Durch diese Offenheit werden die verzagten Jünger:innen pfingstfähig! Nach Green überzeugt gerade diese ehrliche Schilderung von Mutlosigkeit, wenn Lukas später von freudig engagierten Jünger:innen berichtet. Lukas schildert den geistlichen Lernprozess, sich mit Gottes Hilfe durchringen zu können, Konflikte mit Resilienz zu nehmen. Gemäß Nussbaums Ideal liebevoller Politikfähigkeit bietet die Konzeption des Lukas vorauseilend auf der Höhe der Entwicklungspsychologie das Ideal von Suchprozessen mit dem Idealtyp der reifen, diskursgeduldigen Persönlichkeit. Alle Gerechtigkeitsprojekte erfordern nach Nussbaum, Ohnmacht mit geteilter Hoffnung zu begegnen. Alle Entscheidungskrisen spiegelten die frühkindliche Ambivalenzkrise wider. Krisen versetzten zurück in den Stressprozess des ersten Lebensjahres. Zu bewältigen sei der Prozess vom überlebenswichtigen, aggressiven Hungerschrei aus Hilflosigkeit, nach und nach auf unmittelbare Triebbefriedigung verzichten zu lernen und Vertrauen ins kreative Zusammenspiel nach Regeln zu entwickeln. Stress im Erwachsenenalter reanimiere die frühkindliche Transformationskrise. Um diese erfolgreich zu meistern, müsse das

Wissen um die Ambivalenzkrise im Horizont der Evolutionsbiologie gedeutet werden.

Die frühkindliche Krise, so Nussbaum weiter, reproduziere *in nuce* die Entwicklungsgeschichte der gesamten Menschheit. Unser evolutionäres Erbe des ‚Flucht-Kampf-Mechanismus' habe auf dem niedrigen technischen Niveau vor 100 bis 40 Tausend Jahren unser Überleben durch unmittelbare Gewaltanwendung mutmaßlich am effektivsten gesichert. Die Archäologie bestätigt Nussbaums Hypothese, wenn sie für die Frühzeit hohe Opferzahlen durch Kriege oder rituelle Gewalt entdeckt. Die biblische Spur des Menschenopfers ist zugleich das Dokument von Gewaltüberwindung, heben die Forschungen des Anthropologen René Girard und der *Dramatischen Theologie* hervor: Denn im Isaakopfer stoppt der Engel Gottes die gewalttätige Kultpraxis Abrahams. Das Bild vom Gewaltopfer fordernden Gott entspringt menschlicher Fehlwahrnehmung. Getriggert ist das Bild durch Stressphasen im Kampf ums Überleben in einer übermächtigen Natur zu Beginn der Sesshaftwerdung. Bereits die Genesis erkennt, der lebendige Gott ist Schöpfer, kein gefräßiger Moloch. Er erscheint, indem er Leben gibt und erhält. Der Erzählbruch markiert einen Wendepunkt im Friedenslernen der Menschheit (Gen 22,1-19). Um die Förderung dieses Lernsprungs geht es auch Nussbaum heute. Sie warnt: Heute Angriff reflexartig für die beste Verteidigung zu halten, verstricke nur tiefer in immer gefährlichere Kommunikation angesichts der hochtechnisierten Welt. Nussbaums Exitstrategie gleicht dem Rat des Lukas: Friedfertiges Ringen um Kooperationen fürs gemeinsame Gute. Angesichts der speziellen Herausforderungen der modernen liberalen Gesellschaften mahnt Nussbaum zu Toleranz. Insofern aus Prinzipien keine Normen folgen, müsse man mit Unsicherheiten umgehen, worin das Gute im Einzelnen bestehe. Dialoge gelängen nur durch die Bereitschaft zum Abwägen von prinzipiell mehreren guten Möglichkeiten und zum Nachjustieren im Falle geänderter Umstände. Dieses Ideal von Diskursfähigkeit begründet Nussbaum in *Königreich der Angst* (2019) mit Rückgriff auf Paulus' Konzeption von Hoffnung in seinen Briefen. Die Hoffnung des Paulus' sei der Leitstern des Konsenses, auf den man auf hoffnungsstiftende Weise hinarbeiten solle! Auch bei Lukas ist die Paulus-Figur der Protagonist erwartungsfroher und frustrationstoleranter Hoffnung. Lukas schildert Paulus als Bekehrten im Einsatz fürs Evangelium unter Todesgefahr. Dabei hebt Lukas die Tatsache hervor, dass Paulus mit dem Motiv seiner Gegner bestens vertraut ist. Es war seine Triebfeder als Saulus: Glaubensreinheit über Abgrenzung und Verfolgung von Abweichler:innen zu bewahren (Apg 9,23-31). Paulus' Bekehrung besteht wesentlich in der Einsicht, dass gewalttätige Mittel niemals gute Ziele sichern können, schon gar keine Gottesdienstqualität. Übrigens angesichts der Herausforderung, gute Ziele auch mit guten Mitteln zu verfolgen, wechselt Nussbaum heute ihre existentielle Position. Ihr früherer Atheismus, Gott als Metapher für Kants Vernunftbegriff zu lesen, hat sich in religiöse Musikalität gewandelt. Angesichts horrender Böswilligkeiten zweifle sie bisweilen an der menschlichen Kooperationsfähigkeit und hoffe vorsichtig auf Inspiration durch den lebendigen Gott. Auch Lukas durchsetzt seine Texte mit Warnungen vor Bösartigkeit, dies in drastischster Sprache:

Angesichts der Verwüstung durch die Verführung Unschuldiger zum Bösen gebühre Täter:innen der Mühlstein, Tod durch Ertränken (Lk 17,2). Die gewalttätige Sprache des Lukas‘ will das verheerende Ausmaß kontraproduktiver Gewaltfolgen spiegeln. Dass seine Hoffnung auf die Bekehrung aller Übeltäter:innen größer ist, belegen die vielen Einladungen zur Bekehrung, das paradigmatische Gleichnis vom *Barmherzigen Vater* (Lk 15,11-32) und seine Wertschätzung für Paulus, der Saulus war. Nussbaum bezieht sich direkt auf den *Barmherzigen Vater*, um daran ihre Norm für gelingende Kehrtwenden zu gewinnen. Das Movens, den Transformationspfad auch wirklich durchzuhalten, beschreibt Nussbaum ganz wie Havel: Hoffnung, so Nussbaum, erwachse nie aus dem sicheren Wissen um den Erfolg. Hoffnung lebe aus der Überzeugung, dass nur Liebe Sinn habe, weil Gewalt immer Unsinn stifte.

Was rät Nussbaum angesichts des aktuellen Gewaltprofils der Welt? Mit Gandhi teilt sie die Auffassung, Armut sei die schlimmste Form von Gewalt, eine flächendeckende, „unauffällige“ Lähmung von Fähigkeiten. Ein Drittel der Menschheit kontrolliert zwei Drittel der Ressourcen. Gegen diese strukturelle Gewalt in Gestalt von geraubter Selbstbestimmung hat sie ihren *Fähigkeitensatz* entwickelt: *Leben, körperliche Gesundheit, körperliche Selbstbestimmung, ganzheitliche Bildung, emotionale Integrität, praktische Vernunft, soziale Zugehörigkeit, ökologische Sensibilität, Spiel/Humor, Kontrolle über die politisch-ökonomische Umwelt.* Jeder Mensch müsse mindestens acht von zehn Fähigkeiten entfalten können. Andernfalls sei er Opfer von Gewalt. Woran also krankt die schleppende

Implementierung? Nussbaum glaubt an Aufklärung. Vor der moralpsychologisch-evolutionsbiologischen Wissenschaftswende der letzten 20 Jahre hält Nussbaum die Menschheit für tendenziell entschuldigt. Unaufgeklärt erschienen Rache und Drohgebärden aufs erste unverhältnismäßig attraktiv, obwohl sie de facto immer kontraproduktiv wirkten. Jetzt aber, im Wissen um unser evolutives Erbe und dessen Reaktivierung in der Psychodynamik der Ambivalenzkrise, verpflichte das Wissen um Gewalttrigger zur engagierten Gewalttransformation. Jüngste Ergebnisse der evolutionsbiologischen Forschungen stärken Nussbaums These. Robert Sapolsky oder auch das Forscher:innenteam Brain Hare und Vanessa Woods weisen Kooperation als stärkere Überlebensstrategie aus als die Flucht-Kampf-Dynamik. Deshalb gibt es uns als Menschheit noch!, lautet die These. Unser stabiles Kooperationserbe aber sei kein Selbstläufer. Hunger, Durst, Mittagsmüdigkeit wie profunde Verlustängste wirkten als mächtige Dissstressfaktoren. Daher bestehe die Notwendigkeit, diese Affekte als Konfliktwarnung zu lesen, nicht mit Abbruch, sondern Brückentechnologien zu kontern. Dazu bedürfe es einer reflektierten Entscheidungspraxis. Unter Stress nämlich werde auch beim aufgeklärten Publikum der Flucht-Kampf-Mechanismus parallel zum Kooperationserbe wirkmächtig aktiviert. Trotz echter Kooperationswünsche erscheine die Welt im Konflikt als unmittelbar bedrohliches Freund-Feind-Szenario. Entscheidung bedeute hier Triebdistanz, Distanz vom Verteidigungsimpuls, auf Gewalt mit Gewalt zu reagieren. Dazu verhelfe Wissen um die kontraproduktiven Auswirkungen ungehemmter Impulssteuerung und Kooperationstraining, soweit mit Hare und Wood. Diese Aufklärung will auch Nussbaum. Die Notwendigkeit des Trainings aber unterschätzt Nussbaum ihren Kritiker:innen zufolge. Neuerdings spricht Nussbaum Kunst und Religion Trainingsfunktion zu. Neben Wissenserwerb entdeckt sie im Sinn für Schönheit und in einer geteilten Glaubenspraxis genuine Inspirationsquellen für Kooperationsausdauer. Damit knüpft sie an jene Kultur des Glaubens an, den Lukas bereits vor 2000 stärken will.

Solange aber das Szenario von Glaube, Hoffnung und Liebe auf Widerstand stößt, lebt es sich gefährlich mit jenem Jesus-Minimalismus, für den Lukas werben will. Wie Lukas müssen auch die modernen Wissenschaften offen lassen, wie die Geschichte der Menschheit ausgeht: Selbstvernichtung? Oder doch Bewahrung der Schöpfung! Deshalb liest der Lukas-Exeget Joel Green das offene Ende der Apostelgeschichte als existentielle Provokation des Autors. Lukas im Sinne des Autors lesen, heiße, die Fortsetzungsgeschichte des Evangeliums zu leben! Lukas' Vision von Wandel fordere dazu auf, die segnen zu wollen, die einen verfluchen, und barmherzig mit sich und anderen umgehen (Lk 6,29-40). Darin besteht das Kerngeschäft gewaltfreier Kommunikation. Unsere Fähigkeit zur Feindesliebe entscheidet über unseren ökologischen Fußabdruck: Kopieren wir die, die uns niedertrampeln, oder wagen wir die Emanzipation zum achtsamen Miteinander. Lukas ist auf Höhe der hier angeführten Wissenschaftsbeiträge Advokat dafür, dem eigenen Glückserleben im Gutsein zu trauen und zunehmend unabhängiger zu werden vom sozialen Erfolg. Vielleicht sind wir mit dieser Art von Erlebnispädagogik bis heute noch viel zu wenig vertraut!

So widmet sich der dritte Teil der Betrachtungen aus Sicht der angewandten Theologie einzelnen Textpassagen des Doppelwerks. Ziel ist es, mit einzelnen Einsichten des Lukas Elemente für ein Zukunftsmodell beizusteuern, das einer schöpferischen Lebenskultur zum Durchbruch verhelfen könnte und das Prädikat ökologisch verdient. Dazu muss der Blick auf Störungen Vorrang haben, sagen moderne Theorien gewaltfreier Kommunikation wie z.B. die *Themenzentrierte Interaktion (TZI)* nach Ruth Cohn. Auch hier erweist sich die Didaktik des Lukas als zeitgemäß mit dem Jesus-Wort: *„Nicht die Gesunden bedürfen des Arztes, sondern die Kranken. Ich bin nicht gekommen, um Gerechte, sondern Sünder zur Umkehr zu rufen."* (Lk 5,31-32) Es lohnt der konstruktive Blick auf die Störstelle ‚Sünde'. Sündenobsessivität macht skrupulant. Fehlerbewusstsein aber trägt zur Lösung bei, zur Stärkung von Selbst-, Nächsten- und Gottesliebe (Lk 10,27). Sünde, lat.: privatio, dt,: Beraubung, bezeichnet den Tatbestand missachteter Sozialsensibilität aus Egoismus. Entweder es handelt sich um die Beraubung der Zielperspektive: nicht Eine Welt, nur die Welt der Freunde gegen die der Feinde. Oder es handelt sich um Zielberaubung durch kontraproduktive Mittelwahl. Wie gesagt, Gewalt schafft effektiv Fakten, aber immer auch die Feinde von morgen! Der Blick dagegen fällt auf Störungsprofile, um ihr Transformationspotenzial herauszuarbeiten. Ließen sich alle räuberischen Energien auf dem Planeten in Integrationskräfte konvertieren, müsste fast Himmlisches möglich sein: Die Welt als Schöpfung!

Literatur: Amstrong, Karen: Fields of Blood. Religion an History of Violence, London 2014. Dalferth, Ingolf U.: Sünde, Leipzig 2020. Dürr, Hans-Peter / Panikkar, Raimundo: Liebe. Urquelle des Kosmos, Freiburg 2008. Green, Joel: Discovering Luke, London 2021, darin: The modern and postmodern era, S. 42-56; Luke and His World, S. 81-91; Mary's Song and the Politics of the Kingdom, S. 162-167; Take up their cross daily: disciples and discipleship, S. 190-216. Hare, Brian / Woods, Vanessa: Survival of the Friendliest. Understanding our Origins am Rediscovering out common humanity, London 2020. Kehl, Medard: Schöpfung. Warum es uns gibt, Freiburg 2005. Knauer, Peter: Handlungsnetze. books on demand 2002. Knaus, Gerald: Welche Grenzen brauchen wir?, München 2020. Lütz, Manfred: Was hilft Pyschotherapie, Herr Kernberg?, Freiburg 2020, S. 132-150. Oxfam-Ungleichheitsbericht, 17.01.2022. Papst Franziskus: Weihnachtsansprache an die Kurie, 22.12.2014. Papst Franziskus ruft zu Verhandlungen auf, Vatican, Angelus, 05. Juni 2022. Nussbaum, Martha: Angst. Früh und machtvoll, in: Dies.: dies., Königreich der Angst, Darmstadt 2019, S. 36-87. Nussbaum, Martha: Hoffnung, Liebe und Vision einer besseren Zukunft, in: Dies., Königreich der Angst, Darmstadt 2019, S. 231-283. Nusbaum, Martha: Politische Emotionen, Berlin 2014. Nussbaum, Martha: Zorn und Vergebung, Darmstadt 2017. Schockenhoff, Eberhard: Die ethische Beurteilung von militärischen Interventionen zu humanitären Zwecken, in: Ders.: Kein Ende der Gewalt?", Freiburg 2018, S. 673-695. Wasow, Omar: Agenda Seeding. How 1960s Black Protests Moved Elites, Public Opinion and Voting, in: American Political Science 2020, S. 1-53. Wendt, Peter-Ulrich: Themenzentrierte Interaktion, in: Lehrbuch Methoden der Sozialen Arbeit, Weinheim 2017, S. 250-255.

III. LUKAS‘ MESSAGE: NETZWERKEN, MOBBINGPRÄVENTION, AGENDASEEDING

Die Abschnitte dieses Kapitels ordnen die Auslegungen der Texte nach drei Lernzielen für gewaltfreie Kommunikation: Netzwerken, Mobbingprävention und Agenda Seeding. Für diese drei Themenkomplexe dient das Storytelling des Lukas als Anschauungsmaterial, jeweils mit Belegstellen aus Evangelium und Apostelgeschichte.

1. Netzwerken: Ausbildung zum *Servant Leader*

Gurus wollen ihre Kirchen abhängig machen. So lässt sich der Kult um ihre Person sichern. Jesus aber ist ein Antiguru. Er ist *Community Organizer*. Er will sein Team befähigen. Dazu bildet er aus. Von diesem Ausbildungsprozess handeln Lukas‘ drei Motive von der Aussendung der Jünger in den Kapiteln 9, 14 und 22 (9,1-6; 14, 25-35; 22,35-38). Lukas schildert drei Phasen: Phase 1, erfolgreicher Projektstart, die *Community* wächst! Phase 2, Ausdauertraining mit Monitoring zur Arbeitsgesundheit: Wer wie die Jünger ständig unterwegs ist, hat keine verlässlichen Erholungszeiten. Umso mehr nagen Erfahrungen von Ablehnung an ihnen. Mobilitätsfähige Rekreation aber ist Meditation, schildert Lukas, längst bevor heute Google-Mönche im Stressflow meditatives Anhalten in der Gegenwart lehren. Phase 3, Risiken am Arbeitsplatz mit Stresstest angesichts politischer Verfolgung. Weil die Agenda des *Organizings* Gesellschaftstransformation ist, ruft sie auch restaurative Kräfte auf den Plan. Die Nutznießer der alten Ordnung wollen sich nicht entmachten lassen!

Einer der nachösterlichen Hauptausbilder ist Paulus. Die Botschaft von Kreuz und Auferstehung macht ihn zum Getriebenen: Lukas schildert erst den Eifer des Religionskriegers, dann den Einsatz des Servant Leaders. Saulus, der das ganz junge Christentum eliminieren will, wird zum Paulus, zum Außenpolitiker der Jesus-Mission im hellenistischen Raum. Wie die Jünger:innen als Azubis Strecke machen, vom galiläischen Land in die Hauptstadt, lässt Lukas auch den *Peacemaker* Paulus weit herumkommen. Die Apostelgeschichte berichtet über drei Missionsreisen und die Deportation nach Rom, wo er – wieder auf freiem Fuß – ungehindert wirken kann. Nach dem Apostelkonzil zeigt Lukas Paulus ab Kapitel 16 vor den Mächtigen der Welt, in Auseinandersetzung mit jüdischen, römischen und griechischen Autoritäten. Immer wieder wird er gefangen gesetzt. Seine Geistesschärfe aber fordert ihr Herrschaftswissen erfolgreich heraus. Am Areopag trifft Paulus Spott. Andere aber sagten: *„Wir wollen mehr hören!"* (vgl. Apg 17,32). Im Namen Jesu geht es um Machttransformation durch Überzeugen. Diesen Wandel hatte der Ausbilder auf dem Weg nach Damaskus im Zeitraffer persönlich durchlaufen: vom Siegen zum Netzwerken in drei Tagen! (Apg 9,9). Das Dreitagesmotiv hier zitiert das Triduum: Karfreitag, Karsamstag, Ostern. Vom Tod zum Leben in drei Tagen! Das Triduum steht für die drei Phasen aller Transformationsprozesse: Konfrontation zwecks Innovation, Scheitern am Status quo, Gelingen durch Animation zu gemeinsamer Hoffnung. Natürlich gibt es Rückfälle hinter neue Hoffnungen. So muss der Briefautor Paulus seine Gemeinden in Korinth und Galatien wiederholt ermahnen, den neuen Inklusionsstandard der Mahlgemeinschaft zu halten und nicht ins gewohnte Klassendenken zurückzufallen (1 Kor 11,17-34; Gal 1,6-9: Netzwerken, Anti-Mobbingprogramme, Agenda Seeding!

Hier nun der Blick auf Netzwerken in guten und schlechten Zeiten nach Lukas: zunächst auf das Ausbildungsszenario des Evangeliums ‚Aussendung ohne Stab, ohne Tasche', dann auf die Glaubenskommunikation des Paulus nach der Apostelgeschichte, ‚Schiffbruch und Überwinterung auf Malta'.

Phase 1: Anfangserfolge ganz ohne Ausrüstung (Lk 9,1-6)

In Kapitel 9 setzt Lukas mit der Projektbeschreibung für die erste Ausbildungsphase ein: Die Jünger sind ausreichend vorgebildet. Sie hatten alles stehen und liegen gelassen für das Jesus-Projekt ‚Teilen und Heilen' (9,2). Sie sind initiiert und überzeugt. Damit sind sie *Organizer für Servant Leadership.* Damit kann Jesus die Jünger animieren, selbst loszuziehen. Sie sind gerüstet mit nichts als der Botschaft, „keinen Wanderstab und keine Vorratstasche, kein Brot, kein Geld und kein zweites Hemd" (9,3). Welches Bild erscheint? Lukas berichtet von kurzen Distanzen zwischen den Dörfern. Zweierteams, unterwegs von Haus zu Haus, die Hände frei für alle, die wollen! Kapitel 9 zeichnet das dynamische Bild des Anfangens: Vielerorts präsent, hören, sehen, Wunden verbinden, Hände auflegen und segnen. Weil diese *Servant Leader* buchstäblich nichts haben, können sie viel geben: Sie sind empfänglich für die Sorgen und Hoffnungen derer, von denen niemand wirklich etwas wissen will. Umgekehrt nimmt das Ausbildungsteam die

Gaben der Häuser dankbar an. Das ist Begegnung. Was ist das Geheimnis des Erfolgs? Zwischen den Zeilen über den Kurzbericht der Hausbesuche lässt sich lesen: Interesse, auf Menschen Zugehen, Begegnung aber kann Krisen wenden. Die Jünger nehmen die Ängste der Menschen ernst. So wenden sie dämonische Verlustobsessionen in erste Optionen: Unter Krankheit und unter dem Druck der römischen Besatzungsmacht müssen die eigene Existenz und Gemeinschaften nicht zur Fratze verkommen: zu Lethargie oder Misstrauen, Manipulieren, Bestechlichkeit und Erpressbarkeit für den eigenen Vorteil. Mitmenschlichkeit ist möglich. Gerade unter Druck heilt Hoffnung von den Toden bei lebendigem Leib, von Angst und Depression. Es ändert etwas zum Guten für alle, Kranke nicht ins Stadttor zu verbannen, sondern zu pflegen, vielleicht mit wenig materiellen Mitteln, aber mit voller Aufmerksamkeit! Jeden Tag leben – möglichst mit Rückgrat, nicht dem eigenen schlechteren Selbst verfallen und damit der Kollaboration mit den Römern. So zu lieben, so füreinander da zu sein, so gut es geht, mit neuem Mut, das ist Gottesdienst. All diese Momente umfasst Lukas' Begriff vom Reich Gottes, Lk 9, 1-2. Für diese Botschaft scheuen die Auszubildenden keine Wege. Erfolgskriterium ist die Resonanz. Wo diese verweigert wird, einfach zügig weiterziehen, um möglichst viele Willige zu erreichen. In Kapitel 14 lässt Lukas Jesus Zwischenbilanz ziehen.

Phase 2: Arbeitsmobilität, Arbeitsgesundheit, Ausdauertraining (Lk 14,25-35)

Das Missionsprojekt „ohne Stab und Tasche" aus Kapitel 9 verhandelt Lukas in Kapitel 14 unter dem Titel „Ernst der

Nachfolge". Die Auszubildenden treten in Phase 2 ein. Wer Jesus nicht nur kurz kopiert, sondern ihm auf Dauer nachfolgen will, muss ernst machen: sein gewohntes Bindungsverhalten ändern, muss Vater und Mutter verlassen, V. 25-26. Das birgt Risiken. Jesus konfrontiert sein Team: 1. Wer unterwegs sein will fürs Reich Gottes, setzt sich Obdachlosigkeit aus, verzichtet auf die eigenen vier Wände, auf Erholung im Schutz der Familie. Auf dem Weg hängt der Komfort der Jünger ganz von der Gastfreundlichkeit Fremder ab. 2. Menschen unter sozio-ökonomischem Druck von der Hoffnung zu überzeugen, ist oft ein mühsames Ringen, ein Kreuz (Lk 14,27)! In der Frage nach der Stressbewältigung berichtet Lukas von Jesus, der die Jünger in die Meditation der Wirklichkeit einführt. Diese Betrachtung fungiert als Stresstest für die nächste Eskalationsstufe: Ohne Ausdauer scheitert die Mission! Jesus will dem verfrühten Abbruch des *Organizens* vorbeugen. Arbeitsstress fixiert auf Frusterleben und verliert das gute Ziel aus den Augen. Folgende drei Meditationsbilder sollen die Kontraproduktivität mangelnden Durchhaltevermögens sichtbar machen und Kräfte für Zielführung wecken (Lk 14,28-34): Ein Turmbauer, dem die Mittel zum Fertigbauen fehlen, werde mit seinem halbfertigen Bau zum Gespött. Genauso offenbare die Fehlplanung eines Krieges mit zu wenig Truppen, dass es dem Kriegsherrn von Anfang an Durchsetzungswillen gefehlt habe. Und auch Salz ohne gute Qualität sei zu gar nichts nütze, weil plötzlich schal.

Was lässt sich hier mit Blick auf die Befähigung zum *Community Organizing* lernen? Die drei Meditationsbilder liefern eine Theorie zur Kontraproduktivitäsvermeidung. Diese

Theorie soll geistliche und soziale Praxis werden: Das Exerzitium der Selbstprüfung ist entscheidend, sagt Lukas' Komposition hier in Kapitel 14, um angesichts beträchtlicher Anstrengungen in der Praxis Kurs halten zu können. Die Jünger sollen in sich gehen, in ihrem inneren Parlament das zukünftige Szenario verhandeln, sich ehrlich prüfen: Haben sie die Mittel? Und: Glauben sie von sich, wirklich bereit zu sein, all ihre Mittel konsequent für das Reich Gottes einzusetzen? Hier erzählt Lukas, wie Jesus seinen Ausbildungskurs zu einer Wette auf die eigene Zukunft einlädt. Sie sollen Selbstbilder modellieren, defensive und wagemutige und ihre persönlichen Wahrscheinlichkeiten aufmerksam erwägen.

Wie im modernen Risikomanagement muss sich die persönliche Entscheidung an der größten Herausforderung festmachen. Deshalb radikalisiert Jesus die Arbeitsplatzbeschreibung. Dazu lässt Lukas Jesus auch hier den Verzicht auf den „ganzen Besitz" einfordern, Lk 14,33. Warum so radikal? Fallen nicht alle normalen Menschen durch, damals wie heute? Jesu Provokation will fokussieren. Das Kriterium des Gelingens der Mission ist die Fähigkeit, sich engagiert durchkämpfen zu wollen, nicht bequem zu werden, Kosten und Mühen nicht zu scheuen – allerdings nach Kräften. Persönliche Bedürfnisbefriedigung soll so sein, wie es sich unterwegs ergibt. In Kapitel 12,22-32 bringt Lukas die Metaphern der Lilien auf dem Felde und der Vögel des Himmels. Jesus will entstressen. Obsessive Besitzstandswahrung ist mangelndes Gottvertrauen. Misstrauen aber führt in den autoaggressiven Lock-in-Effekt der Verlustängstlichkeit. Dagegen: Ressourcen, ganz ohne Arbeit! Den vorhandenen Ressourcenreichtum wahrnehmen! In diesem Sinne warnt Lk 14,33: Wer „Besitz" zur Priorität macht, ist notwendig „raus" aus der Hingabe für die gute Sache. Das Besitz-Projekt ‚Statuskonsum' zielt auf „besser, schöner, reicher". Qua definitione ist es unvereinbar mit dem Projekt solidarischen Netzwerkens. Verführt dieses ‚Entweder-oder' nicht zur Selbstausbeutung? In der Nachhaltigkeitslogik der drei Bilder „Turmbauer, König, Salz" verbietet sich alle Selbstausbeutung. Dienstbarkeit ist keine, wenn sie durch gewalttätigen Selbstmissbrauch erzwungen ist und insgeheim einen neuen Statuswettbewerb um asketische Höchstleistungen eröffnet. Nur ohne Autoaggression ist der Weg zu schaffen. Es geht ja ums Evangelium, die Botschaft, die nachhaltig froh machen soll, also Leben integriert: Persönlichkeitsanteile und alle Menschen. Dass diese Mission in der Welt psychischer Verdrängung und sozialer Spaltung beschwerlich sein muss, ist nicht verwunderlich. Das zeigt Kapitel 14. Kapitel 22 wird den guten, den gewaltfreien Kampf weiter dramatisieren.

Phase 3: Politische Verfolgung, Schwert oder Kreuz? (Lk 22,35-38)

Kapitel 22 „Die Stunde der Entscheidung" markiert Phase 3 und konfrontiert mit Eskalation. Ging es anfangs ganz ohne Ausrüstung (9, 1-6), braucht es in der Krise „Tasche, Geldbeutel oder Mantel", um diese für ein Schwert versetzen zu können (LK 22,36). Wie steht es angesichts dieser Anweisung um den Erfolg des *Organizing*prozesses? Gerade weil das Projekt ‚wohlwollenden Netzwerkens' für alle Überzeugungskraft hat, führt es in leidvollen Kampf. Die Mission für Lastenausgleich als Gottesdienst muss zunehmend Widerstände wecken, ja entschlossene Ablehnung. Der ultimative Härtetest steht bevor. Die Ablehnung, die zu Anfang der Übung in Kapitel 9 tolerabel scheint und unaufgeregt zum Weiterziehen bewegen sollte, wird hier in zugespitzter Konfrontationsdynamik zur Entscheidung auf Leben und Tod. Lukas schildert die Dramatik als Zeichen von Fruchtbarkeit. Die Botschaft ist angekommen. Das Magnificat hat mächtig Resonanz! Die Pharisäer auf dem Land und die Tempelaristokratie in der Stadt sind entschlossen, Gegenmaßnahmen zu ergreifen. Die erste Maßnahme ist die Konstruktion einer Lüge: Jesus, der Gerechte, wird zum Verbrecher erklärt (Lk 22,37). Diese Verdrehung der Tatsache soll die Hinrichtung plausibel machen. Das neue Staatsnarrativ von den Staatsfeinden der Jesus-Bewegung erfordert Exekutive. Die Reich-Gottes-Botschaft vom Lastenausgleich droht den Mächtigen mit Enteignung. Um ihres Machterhalts willen ist das Jesus-Projekt unbedingt zu stoppen. Dieser Plan ist bereits mit den Schlussversen in Kapitel 19 gefasst: *„Er lehrte täglich im Tempel. Die Hohepriester, die Schriftgelehrten und die Ersten im Volk aber suchten ihn umzubringen. Sie wussten jedoch nicht, was sie machen sollten, denn das ganze Volk hing an ihm, um ihn zu hören.“* (Lk 19,47-48)

In Phase 3, erzählt in Kapitel 22, agieren die Jünger:innen also bereits im Angesicht des Todes. Lukas lässt Jesus zunächst Rückblick halten auf Phase 1: Es waren gute Zeiten! Während der ersten Aussendung „ohne Geldbeutel, Vorratstasche und Sandalen“, hatte es den Jüngern an nichts gefehlt (Lk 22,35). Damals teilen die Jünger das Lebensmittel der frohen Botschaft, die Häuser teilen ihr Brot. Ging es hier noch um zivilcouragiertes Zeugnis und Bequemlichkeitseinbußen, geht es ihnen nun an die Existenz. Jetzt, wo das Establishment Heilende zu Verbrechern erklärt, verschärfen sich die Arbeitsbedingungen. Deshalb will Jesus seinen Jünger:innen die Freiheit geben, die Projektmitgliedschaft in Ehren zu kündigen oder sich zumindest im Hintergrund zu halten (Lk 22,37). Entgegen dem Ruf zu materieller Sorglosigkeit in Kapitel 9 ist jetzt die Zeit größter Sorge mit Auswirkungen auf den Umgang mit Hab und Gut! Die Zeit der Gastfreundschaft ist vorbei. Wer sich jetzt noch auf die Jesus-Gruppe einlässt, ist Staatsfeind:in. Unter diesen Umständen der politischen Verfolgung wechselt Jesus die Strategie. Jetzt brauchen die Jünger:innen Geldbeutel, Tasche und Mantel als Zahlungsmittel für das Schwert. Diese Aufrüstung zwecks Selbstverteidigung scheint für Jesus erlaubt, wenn die Alternative das Martyrium ist. Übrigens, keiner der Jünger kündigt in dieser Szene. Sie kaufen zwei Schwerter (Lk 22,36-38). Ihre sozial sichtbare Vorreiterrolle aus Phase 1 und 2 aber geben sie auf. Während der Passionsereignisse hält sich die Gruppe bedeckt. Was lässt sich hier für *community organizing, Servant Leadership* und *peacemaking* lernen?

Demagog:innen machen ihre Gefolgschaften mit Zucker, Brot und Peitsche gefügig, um sie erfolgreich für ihre narzisstischen Vormachtgelüste ausbeuten zu können. Im Scheitern reißen Potentat:innen die Menschen mit in den Abgrund. Nussbaum widmet dieser manipulativen Politik ein eigenes Kapitel in „Königreich der Angst" (2019). Ganz anders berichtet Lukas in Kapitel 23. Jesus will immer noch Freiwillige für die Aussendung ausbilden. Es handelt sich aber um ein Weltverbesserungsprojekt, an dem man unter Krisenbedingungen persönlich weiter reifen muss. Abschnitt Lk 22,35-38 der Einheitsübersetzung ist überschrieben mit: „Die Stunde der Entscheidung". War die Gruppe in Kapitel 9 geeint im Mut des Aufbruchs, ist sie jetzt unter Druck gespalten: Die Jünger:innen entscheiden sich angstdominiert zum Rückzug. Mehr als verständlich! Jesus ist angstbereit und wird sich für die Konfrontation des Kreuzes entscheiden. Entscheidungen hängen von Erfolgsprognosen ab und müssen reifen. Worin aber besteht der Erfolg? Unbestechlich Sinn leben oder sich den Umständen anpassen? Hier besteht die Anpassung in Selbstverteidigung, um überhaupt leben zu können. Den Jünger:innen leuchtet die Entscheidung zum Martyrium vermutlich durchaus ein. Die Praxis aber schreckt so sehr, dass auch theoretisch Zweifel kommen: Ist es wirklich ein Erfolg, für Gerechtigkeit zu sterben? Ist es nicht verantwortlicher, das eigene Leben zu retten, um sich taktisch klug weiter für zivilen Ungehorsam zu organisieren? Dieser berechtigte Zweifel hatte Judas in den tragischen Verrat getrieben. Zum Erzählzeitpunkt in Kapitel 22 sind Jesu Fußstapfen einfach noch zu groß. Manche Jesus-Nachfolger:innen werden grundsätzlich skeptisch bleiben. Lukas jedenfalls startet den „Erfolgstest" des Martyriums gleich im nächsten Erzählabschnitt, deshalb abschließend ein Blick auf die Szenen des Gebets am Ölberg (Lk 22,39-46) und der Gefangennahme dort (Lk 22,47-53).

Exkurs: Der Jesus des Lukas, Vorreiter von *direct action*

Direct action ist Martin Luther Kings Begriff für politischen Widerstand in Unrechtsregimen. King hatte sich für die

Ethik des gewaltfreien Kampfes seiner Bürgerrechtsbewegung an der Bergpredigt orientiert und an Gandhis Konzept *satyagraha*, wörtlich: Kraft der Wahrheit. Die Getsemani-Szene des Lukas kann also vorauseilend als Ernstfall von *direct action* gelesen werden: Nach Lukas ringt sich Jesus in Getsemani durch seine Todesangst durch, Blut und Wasser schwitzend, um aufrecht zu leben, auch wenn sein Lebensstil den Tod bedeutet (Lk 22,39-46). Lieber den Körpertod sterben, als die Liebe sterben zu lassen, zu flüchten oder gewalttätig zu werden. Der Jesus des Lukas kämpft mit Körperpräsenz und Geistesgegenwart: Er steht auch dann ein für sein Programm, wenn die Machthaber ihn aus dem Weg schaffen wollen. Die Verteidigung mit Waffengewalt, die er anderen erlaubt (Lk 22,36), lehnt er für sich ab. Transformation bis ins Letzte: Er heilt den Handlanger seiner Mörder, saniert wundersam das abgehauene Ohr des Sklaven des Hohepriesters (Lk 22,51). Nach Lukas agiert Jesus weder abhängig noch gegenabhängig, weder kriecherisch als Geschlagener noch als wehrhafter Guerilla. Jesus bleibt frappant autonom! Die Treue zu seinem Weg der Feindesliebe folgt der Logik der Gewaltunterbrechung. Die körperliche Umsetzung dieser Logik aber bezeichnet Hannah Arendt als Wunder: Jesus fange neu an auch unter größten Herausforderungen. Er setze eine neue Macht in Freiheit. Damit aber versetze er Berge. So entmachte er die Massivität von Gewalt und Zwang. In diesem Sinne gestaltet Lukas das Gegenbild des nächtlichen Abführens mit Waffengewalt. Bei Tag im Tempel hatten die Autoritäten keine Argumente gehabt (Lk 22,49-53). Sie *können* Herrschaft, aber nur im Schutz der Dunkelheit. Ihr Führungsverhalten ist armselig, weil intransparent. In der Finsternis des Machtmissbrauchs lässt Lukas das Führungsbeispiel Jesu leuchten. Er ist der Souverän der Mitmenschlichkeit!

Hier schließt Lukas den Kreis zur Missbrauchsdiagnose, den Gerechten zum Verbrecher zu machen (Lk 22,37). Machtversessene beugen die Wahrheit in voller Absicht. Nur so lassen sich Privilegien halten. Aufrichtigkeit aber lässt sich auch durch Exekution nicht erledigen, wird das Testergebnis des Lukas lauten. Gewaltherrscher hoffen auf den Typ des deprimierten Emmaus-Jüngers (Lk 24,13-24). Getötete Opfer politischer Verfolgung sollen möglichst nicht zu Märtyrer:innen stilisiert werden, damit die lebenden Opfer nicht neue Hoffnung schöpfen. Dennoch fürchten Autokraten die eigentümliche Verwandlungsmacht zivilcouragierter Hingabe. Inhaftierungen und Hinrichtungen schrecken ab! Zugleich aber provozieren sie Risikobereitschaft und zivilen Widerstand. Gewaltherrscher fürchten „die brennenden Herzen" der Emmaus-Jünger (Lk 24,32). Die neuere Forschung entdeckt drei neuronale Netze, im Gehirn, um den Solarplexus und in der Herzregion. Diese Netze interagieren miteinander. Im Modus der Hoffnung steigt die Interaktion zwischen dem präfrontalen Cortex im Gehirn und dem neuronalen Kardionetz, zeigen MRTs. *„Darauf öffnete er ihren Sinn für das Verständnis der Schriften."* (Lk 24,45) Lukas erzählt mit dem Emmaus-Duo auf den österlichen Umsturz hin. Er erzählt für den Anfang des Endes struktureller Gewalt der Klassengesellschaft und der geistigen Kollaboration mit den Unterdrückern. Der Paulus des Lukas spricht deshalb alle Menschen mit der Ahnung eines noch unbekannten

Gottes an. Diesen stellt Paulus explizit vor: Es ist der Schöpfer einer Welt mit Potenzial für alle, nicht nur für die Eliten: *„Was Ihr verehrt, ohne es zu kennen, das verkünde ich euch!“* (Apg 17,23). Gewaltmissbrauch offenbart kein gottgewolltes Schicksal, sondern den Sinn von *peacemaking*! Davon berichtet Lukas‘ Apostelgeschichte: Im Namen des Gottes Jesu Christi sind alle Übel Anlässe zum Bessermachen! Hier nun der Sprung in den Reisebericht des Lukas, ins vorletzte Kapitel zur Szene der Überwinterung auf Malta.

Schiffbruch als Chance: Rettungssanitäter an Bord

Der Schiffbruch vor Malta (Apg 27,27-44)
27 Als wir schon die vierzehnte Nacht auf der Adria trieben, merkten die
Matrosen um Mitternacht, dass sich ihnen Land näherte. 28 Sie warfen das
Lot hinab und maßen zwanzig Faden; kurz danach loteten sie nochmals
und maßen fünfzehn Faden. 29 Aus Furcht, wir könnten auf Klippen lau-
fen, warfen sie vom Heck aus vier Anker und wünschten den Tag herbei.
30 Als aber die Matrosen unter dem Vorwand, sie wollten vom Bug aus
Anker auswerfen, vom Schiff zu fliehen versuchten und das Beiboot ins
Meer hinunterließen, 31 sagte Paulus zum Hauptmann und zu den Solda-
ten: Wenn sie nicht auf dem Schiff bleiben, könnt ihr nicht gerettet wer-
den. 32 Da kappten die Soldaten die Taue des Beibootes und ließen es fort-
treiben. 33 Als es nun Tag werden wollte, ermahnte Paulus alle, etwas zu
essen, und sagte: Heute ist schon der vierzehnte Tag, dass ihr ausharrt,
ohne auch nur die geringste Nahrung zu euch zu nehmen. 34 Deshalb er-
mahne ich euch: Nehmt Nahrung zu euch; das ist gut für eure Rettung.
Denn keinem von euch wird auch nur ein Haar von seinem Kopf verloren
gehen. 35 Nach diesen Worten nahm er Brot, dankte Gott vor den Augen
aller, brach es und begann zu essen. 36 Da fassten alle Mut und nahmen
Nahrung zu sich. 37 Wir waren im Ganzen zweihundertsechsundsiebzig
Menschen an Bord. 38 Nachdem sie sich satt gegessen hatten, warfen sie
das Getreide ins Meer, um das Schiff zu erleichtern. 39 Als es nun Tag
wurde, entdeckten sie eine Bucht mit flachem Strand; auf ihn wollten sie,

wenn möglich, das Schiff auflaufen lassen; das Land selbst war ihnen un-
bekannt. 40 Sie machten die Anker los und ließen sie im Meer zurück. Zu-
gleich lösten sie die Haltetaue der Steuerruder, hissten das Vorsegel und
hielten mit dem Wind auf den Strand zu. 41 Als sie aber auf eine Sandbank
gerieten, strandeten sie mit dem Schiff; der Bug bohrte sich ein und saß
unbeweglich fest; das Heck aber begann in der Brandung zu zerbrechen.
42 Da beschlossen die Soldaten, die Gefangenen zu töten, damit keiner
schwimmend entkommen könne. 43 Der Hauptmann aber wollte Paulus
retten und hinderte sie an ihrem Vorhaben. Er befahl, dass zuerst alle, die
schwimmen konnten, über Bord springen und das Land erreichen sollten,
44 dann die Übrigen, teils auf Planken, teils auf anderen Schiffstrümmern.
So kam es, dass alle ans Land gerettet wurden.

Was führt Paulus nach Malta? Unmittelbar vor dem Überwinterungsbericht inszeniert Lukas das paradoxe Bild des Schiffbruchs (Apg 27,14-44): Wenn die Mission des Paulus Schiffbruch erleidet, weil er als Gefangener nach Rom deportiert wird, erleidet die Deportationsmacht den eigentlichen Schiffbruch: Im Seesturm kentert die römische Galeere. Am entscheidenden dritten Tag schwindet alle Hoffnung auf Rettung, die sich wider alle Hoffnung ereignet. Naturgewalten brechen die Gewalt Roms. Die Deportation stockt. Nochmals paradox: Paulus soll als Staatsfeind vor den Kaiser gezerrt werden. Was wie das Ende der Mission des Paulus anklingt, schildert Lukas als Ergebnis eines göttlichen Plans: Sein Protagonist muss vor den Kaiser, um die Supermacht herauszufordern. Der römische Hauptmann rettet das Leben des Paulus gegen den Plan der Matrosen, alle Gefangen, auch Paulus, zu töten, um Planken zu ergattern und sich darauf an Land retten zu können. Vor dem Rettungssprung ins Meer lässt Lukas Paulus nochmals paradox kontern. Er begegnet den in Seenot zum Mobbing entschlossenen Matrosen ohne Rache:

Er feiert Eucharistie. Er bricht Brot, teilt es mit allen, er segnet sie: Kein Haar wird euch gekrümmt werden (Apg 27,34-38). Paulus kann animieren. Der Hauptmann ist es, der den eucharistischen Segen als Notfallplan organisiert: Die Schwimmer springen zuerst, die Nichtschwimmer retten sich auf den Schiffstrümmern. So werden alle gerettet! (Apg 27,43-44). Derart geistesgegenwärtig kann der Paulus des Lukas in höchster Not überzeugen. So hat er noch vor allen Machthabern bestehen können, vor kleinen wie den aus Todesangst mobbenden Matrosen und bald vor dem großen Kaiser.

Gerade im äußeren Scheitern inszeniert Lukas Transformationskraft. Die Gefängnisstrafen des Paulus deutet er als Beweis dafür, dass die Gegner mit ihrer Argumentation jeweils am Ende sind. Und tatsächlich, auch der Kaiser toleriert die Missionsschule des Paulus. Paulus hat es ins Zentrum der Macht geschafft. Er besteht, wenngleich nur leidlich. Auftritte am Forum im Rom aber scheinen dem Rhetorikprofi Paulus nicht erlaubt. Römische Religionstoleranz erlaubt alternative Praktiken, allerdings nur im Abseits der Öffentlichkeit als Katakombenkirche. So werden Aufstände von Randgruppen verhindert. Der Kaiserkult bleibt unirritiert. Am Standort der Mitwohnung steht er unter Kuratell eines Soldaten (Apg 28,16). Dort, wenn auch nur in eingeschränktem Rahmen, kann Paulus zwei Jahre lang ungehindert *Homeschooling* betreiben, schließt Lukas seinen Bericht scheinbar nur beschreibend (Apg 28,31). Zwischen den Zeilen aber ließe sich lesen: Das öffentliche Interesse soll in Rom schwach bleiben. Denn die Botschaft ist stark und damit systemgefährdend! Alle kommen ins Nachdenken, Überzeugte und Skeptische. Damit zum Zwischenstopp auf Malta, dem Ort, an dem Paulus als Geretteter das Weltbild der Malteser heilsam erschüttert.

Mission auf Malta: Die Entmachtung der Rachegöttin

Die Überwinterung auf Malta (Apg 28,1-10)

1 Als wir gerettet waren, erfuhren wir, dass die Insel Malta heißt. 2 Die Ein-
heimischen erwiesen uns ungewöhnliche Menschenfreundlichkeit; sie
zündeten ein Feuer an und holten uns alle zu sich, weil es zu regnen be-
gann und kalt war. 3 Als Paulus einen Haufen Reisig zusammenraffte und
auf das Feuer legte, fuhr infolge der Hitze eine Viper heraus und biss sich
an seiner Hand fest. 4 Als die Einheimischen das Tier an seiner Hand hän-
gen sahen, sagten sie zueinander: Dieser Mensch ist gewiss ein Mörder;
die Rachegöttin lässt ihn nicht leben, obwohl er dem Meer entkommen
ist. 5 Er aber schüttelte das Tier von sich ab ins Feuer und erlitt keinen
Schaden. 6 Da erwarteten sie, er werde anschwellen oder plötzlich tot um-
fallen. Als sie aber eine Zeit lang gewartet hatten und sahen, dass ihm
nichts Schlimmes geschah, änderten sie ihre Meinung und sagten, er sei
ein Gott. 7 In jener Gegend lagen Landgüter, die dem Publius, dem Ersten
der Insel, gehörten; er nahm uns auf und bewirtete uns drei Tage lang
freundlich als seine Gäste. 8 Der Vater des Publius lag gerade mit Fieber
und Ruhr im Bett. Paulus ging zu ihm hinein und betete; dann legte er ihm
die Hände auf und heilte ihn. 9 Daraufhin kamen auch die anderen Kran-
ken der Insel herbei und wurden geheilt. 10 Sie erwiesen uns viele Ehren
und bei der Abfahrt gaben sie uns alles mit, was wir brauchten.

Auf Malta geht die Auseinandersetzung mit der natürlichen Theologie weiter: Von Natur aus können alle Menschen das Buch der Schöpfung annähernd richtig lesen, so die These des Lukas. Die Grundgrammatik ist Mitmenschlichkeit. In allen Beziehungen ist Gott, wenn sie nicht von Gewalt irritiert sind. Die Verkündigung des Paulus besteht nach Lukas darin, auf tradierte Gewaltnarrative aufmerksam zu machen, die den natürlichen Glauben desorientieren: die organisierte Exklusion der Klassengesellschaft und darin der Kommunikationsstandard von Bestechung und Erpressung. Bilder von gewalttätigen Göttern gehören notwendig in dieses Kulturensemble. Dagegen lehrt Paulus Inklusion als Welt- und Gottesdienst, auch hier auf der Insel: In der vorangegangenen Szene humanisiert der für den Gefangenentransport zuständige Hauptmann den Strafvollzug auf hoher See. Eigentlich wäre auch er im Krieg und auf See von Rechtsnormen entbunden. Hier gilt das Recht des Stärkeren. An dieser Figur und mit dem Malta-Plot insgesamt macht Lukas deutlich: Es gibt nie einen Grund, Kooperation aufzugeben. Gegen den Mob der Matrosen rettet der römische Hauptmann das Leben des Paulus. Der Gefangene soll einem regelrechten Verfahren in Rom zugeführt werden. Auf Malta nun werden die Schiffbrüchigen ungewöhnlich freundlich aufgenommen, schildert Lukas. Eine antike Unselbstverständlichkeit. Fremde sind qua Recht vogelfrei, bedrohliche Eindringlinge oder leichte Beute. Diese komplett Gestrandeten machen so gar nicht den Eindruck getarnter Eroberer. Die Malteser jedenfalls sind mitmenschlich. Sie sind natürlich gläubig. Lukas inszeniert via Kontrast: Im nasskalten Winter erfahren die Fremden Wärme, physisch und sozial: *„[...] sie zündete ein Feuer an und holten uns alle zu sich (...)"* (Apg 28,2). Lukas schildert die Malteser als „anonyme Christ:innen" gleich den Männern am Areopag. Wie die Athener aber brauchen auch sie Aufschluss über ihren intuitiv guten Glauben und Korrektur ihres Schicksalsglaubens: *„Gott, der die Welt erschaffen hat und alles in ihr, er, der Herr über Himmel und Erde, wohnt nicht in Tempeln, die von Menschenhand gemacht sind.*

Er lässt sich auch nicht von Menschen dienen, als ob er etwas brauche, [...]. Denn in ihm leben wir, bewegen wir uns und sind wir, wie auch einige von euren Dichtern gesagt haben: Wir sind von seinem Geschlecht.“ (Apg 17,24-25.28) Am Areopag ist Paulus‘ Rhetorik anschlussfähig (Apg 17,33). Auf Malta ist es Storytelling. Lukas aber lässt Paulus keine Gleichnis-Didaktik betreiben. Die Ereignisse selbst werden zur Schlüsselgeschichte.

Paulus ist *Servant Leader* ohne Allüren. Die gastfreundliche Einladung ans Feuer bewegt ihn zum Anpacken. Er legt Reisig auf. Eine Viper im Haufen beißt sich an seiner Hand fest. Paulus kann sie ins Feuer abschütteln. Er macht die Gefahrenquelle unschädlich, geistesgegenwärtig geschickt! Wider Erwarten überlebt Paulus den Giftbiss unbeschadet. Mit dieser Überraschung argumentiert Lukas für Transformation: Übel sind Anlass für Ko-kreativität! Gott will Heilung für alle Welt. Er sucht Mitwirkende. Das ist das Lernziel. Zwar bestätigt die Gastfreundlichkeit den natürlichen Mitmenschlichkeitsglauben der Malteser. Aber ihr Fatumsglaube ist stärker: Die Viper an Paulus‘ Hand deuten sie als Strafe Gottes: Der vom Schiffbruch Gerettete ist angesichts des Viperbisses ein unwiderruflich Abgeurteilter von höchster Macht! Niemand entkommt der Rachegöttin und ihrer „gerechten Strafe“! Paulus muss ein Mörder sein, mutmaßen sie angesichts der lebensgefährlichen Unglücksabfolge (Apg 28,4-5). Wer aber unversehrt wie Paulus Gottesurteilen entrinnen kann, ist nicht etwa als Mensch von den Göttern freigesprochen. Er ist selbst ein Gott (Apg 28,6). Er herrscht ganz offenkundig über die Gesetzmäßigkeiten der Welt. Ein solches

Wesen kann sich selbst willkürlich alles erlauben gleich den Gottkaisern an der Staatsspitze.

Scheinbar ganz ohne Stellungnahme zu Paulus Erhebung ins Reich der Götter schließt Lukas mit dem Bericht von Paulus als Krankenheiler durch Gebet und Handauflegung (Apg 28,7-10). Diese Ereignisse sind die Stellungnahme: Wenn Heilung im Namen Gottes möglich ist, so Lukas' Lehrintention, ist die maltesische Theodizee erledigt. Leid kann nicht mehr als gerechte Strafe Gottes gelesen werden. Wie aber lässt sich der allmächtige, liebende Gott rechtfertigen angesichts des Leidens Unschuldiger? Lukas nimmt die Weiterentwicklung des aktuellen Diskurses der systematischen Theologie vorweg: Michael Seewald warnt heute vor der traditionellen Rationalisierung angesichts der Theodizeefrage: Leiden als Preis der Freiheit? Eine solche Antwort verschärfe die Frage: Wer ist dann dieser Gott, der Leiden im Zulassen zumindest nicht will? Sollte er mit Blick auf Auschwitz nicht mehr ausrichten wollen? Die Unlösbarkeit der Frage pendelt zwischen den Gottesprädikaten ‚Allmacht' und ‚Liebe'. Seewald sieht zwei konstruktive Bewältigungsstrategien: 1. Seit den Tagen des Hiob gelte es, das Geheimnis Gottes offenzuhalten, nicht ideologisch erledigen zu wollen. 2. Die Grenze im Denken lasse sich ausschließlich praktisch überschreiten. Leiden angemessen zu denken, bestehe im Bessermachen, im engagierten Leidlindern für Leib und Seele. Dafür argumentiert Lukas mit Paulus, der Saulus war: Gott straft Ungerechte nicht. Gewalttäter:innen strafen sich selbst und andere in Gedanken, Worten und Taten mit ihrer Gewalt. Gott will dagegen vom Unrecht heilen. Als Saulus war Paulus tatsächlich ein Mörder! Hier in dieser Szene ist er längst ein Gewaltaussteiger, ein bekehrter Religionskrieger. Sein Handeln stürzt nicht mehr ins Unheil, sondern ist einen Segen, will Lukas mit den Heilungen beglaubigen. Mit den Körperheilungen in Kooperation mit Gott, heilt Paulus zugleich von geistlichem Missbrauch, von falschen Gottesbildern und damit vom Götzendienst sozialer Lethargie und magischen Manipulationsopfern. Aus Glauben an den Gott Jesu Christi organisieren Menschen Heilungsprozesse: geistig und körperlich. Wo Körperheilung nicht mehr möglich ist, hat würdige Sterbebegleitung ungeahnt Wandlungskraft. Dafür argumentiert Lukas mit seiner Inszenierung der Kreuzigung: Die vielen Umstehenden sind da, aber sehen weg! Begleitungsunfähig! Sie schlagen sich an die Brust als Ausdruck ihrer Erleichterung und Schicksalsangst zugleich: *Heute hängt ein anderer. Aber wann trifft's mich?!* Bereits mit dem Kreuzigungsbericht bricht Lukas eine Lanze für die Heidenmission. Unterm Kreuz schafft nur einer die Kehrtwende, der römische Hauptmann, Ordnungshüter des römischen Gewaltregimes. Ausgerechnet der Exekutor lässt seinen Glauben ans Gottesurteil fahren: Der Gefolterte ist kein zurecht Bestrafter, sondern ein gerechter Mensch! Diese Einsicht belastet ihn unmittelbar als Mitschuldigen am Tod des Justizopfers. Auch Saulus ist schuldig am Mord der christlichen Reformjuden. Lukas aber fokussiert das Bessermachen von Bessergewordenen, von Bekehrten. Er schildert einen von Ideologie geheilten Hauptmann unter dem Kreuz. Er war gekommen, um für den Gottkaiser Dienst zu tun. Nun aber preist er den Gott des unbestechlich Gerechten. Er hat hingesehen, nicht weggeschaut: Gerechte kommen in einer ungerechten Welt leicht unter die Räder. Diesen Durchblick haben die Schaulustigen zunächst noch nicht (Lk 23,47-49). Zu dieser Kirche der Bekehrten gehören aber schon der Hauptmann am sinkenden römischen Schiff, auf Malta die Familie des Publius und wohl eine wachsende Zahl von Malteser:innen, die mit den Krankenheilungen ihren Irrglauben an Fluchgottheiten heilen konnten.

Lukas' Storytelling von Malta hat eine Botschaft: Wer heilt, hat recht, nicht wer abstraft. Aber liefert Lukas mit dem Heilungsbericht nicht doch wieder ein magisches Weltbild mit? Sind die Heilungen metaphorisch zu verstehen oder als Faktenberichte? Lukas scheint im Evangelium und in der Apostelgeschichte ganz selbstverständlich Heilungsreportagen dann zu setzen, wenn er spirituelle Erfahrungen als transformationskräftig erweisen will: *Dein Glaube hat Dir geholfen!* Bartimäus scheint nicht nur metaphorisch geheilt: vom fatumsparalysierten Paria im Stadttor zum Mitglied der Gesellschaft, das die Umstehenden Gotteslob lehrt. Lukas erzählt von der Heilung als physischem Vorher-Nachher-Ereignis: Er hat sein Augenlicht wieder und lobt Gott (Lk 18,42-43). Traumatisierung durchzieht wie Enttraumatisierung den ganzen Menschen, ist eingeschrieben in die Gene, belegt die Neurobiologie.

Wer diese Hypothese wagt, muss zwei Fragen beantworten: Erstens kann es Wunder im Sinne der Durchbrechung von Naturgesetzen wirklich geben, wenn Gott als Schöpfer auch der Designer der Gesetzmäßigkeiten ist? So hatte der Aufklärer David Hume eingewandt und damit die Entmythologisierung der Bibel auf den Weg gebracht: Wunder seien ausschließlich als Metaphern zu lesen! Denn, zweitens, wer an der Möglichkeit der Durchbrechung der Naturgesetze als Gottesbeweis festhält, hat unzweifelhaft einen Erlebnistrumpf. Aber er verschärft zugleich das Theodizeeproblem der Rechtfertigung des liebenden Gottes: Denn offenbar kann Gott das Leiden durch Wunder aus der Welt schaffen, aber er tut es nur in seltenen Fällen.: *Warum werden manche geheilt, manche nicht?* Sollten alle unheilbar Kranken wirklich ungläubiger sein als Bartimäus? Die Forderung nach Wunderzeichen seitens der Pharisäer zur Beglaubigung der Autorität Jesu jedenfalls weisen alle Evangelien als Unglauben ab. Lukas wehrt sich zweimal gegen die Vorstellung vom rettenden Zauberer (Lk 6-17; 23,18-19). Hannah Arendt bietet hier hilfreiche Orientierung: Die Wundertat Jesu bestehe in der sozial sichtbaren neuen Freiheit, in der Überwindung repressiver Hierarchien zugunsten gerechter Netzwerke aller Menschen. Arendt identifiziert Freiheit mit neu anfangen können. Naiv aber sei der Schluss, alle existenten Kausalitäten seien durch unsere begrenzte Rezeptionsfähigkeit zu repräsentieren. Die menschlich begrenzte Wahrnehmungsfähigkeit schließe physische Spontanheilungen logisch nicht aus. Damit argumentiert Hannah Arendt im Anschluss an die moderne Wissenschaftstheorie mit dem Modell eines Netzwerkes von Kausalitäten, das (noch) nicht hinreichend durchschaut ist. Hume hat sich zurecht auf die Kausalität festgelegt, ging aber offenbar davon aus, dass sie bereits ausreichend verstanden ist. Diese Kausalität, rezipiert von prinzipiell endlichen Menschen, heute als einzig existente verabsolutieren zu wollen, ist naiv, gerade nicht aufgeklärt über

Wissen und seine Grenzen. Es gibt verschiedene Netze mit verschiedenen Algorithmen. Die Aktivität eines Netzes variiert abhänigig von der unterschiedlichen Verbindungsdichte in der Mitte oder am Rand sowie durch die Interaktion der Netze miteinander. Wunder lassen sich in diesem Verständnis im Rahmen der Naturgesetze verstehen. Sie aktivieren noch unbekannte Pfade. Unwahrscheinliche Anfänge sind möglich. Die Seltenheit ließe sich mit prinzipiell randständig schwacher Netzverbindung erklären. Diese Schöpfung hat Ränder und als endlicher Kosmos absolute Grenzen. Eine weitere Erklärung für Unwahrscheinlichkeiten besteht in der Erkenntnis, noch unausgeschöpften Potenzialen zu begegnen. Mehr Reproduktion festigt Pfade. Kooperation mit dem Heiligen Geist könnte Interaktionen merklich verändern. Prinzipiell ist es nicht auszuschließen, dass es mehr der bisher unzureichend erklärten Phänomene geben könnte. Mit Arendt aber müssen Wunder nicht wieder vormodern als Eingreifen Gottes aus externer Sphäre verstanden werden. Spontanheilungen sind naturwissenschaftlich nicht auszuschließen. Was heute scheinbar als unerklärliches Wunder erscheint, wird künftig naturwissenschaftlicher Erkenntnis zugänglich sein. Daher liegt der Fokus der Jesus-Botschaft auch nach der Diktion des Lukas auf der spirituell-sozialen Transformation. Geistlicher Wandel kann erstaunliche Körperphänomene zeitigen, hie und da, als Vorboten des Himmels, als Vorgeschmack auf den Ort kompletten Heilseins des Leibes. Körperzellen sterben und nähren die Erde. Der Leib aber, unsere psycho-soziale Identität, unsere Persönlichkeit, hat Ewigkeit. Die Qualität der Ewigkeit spielt schon in der Zeit. Kooperation macht Beziehungen unendlich haltbar. Beziehung ohne Exklusion ist die soziale Substanz eines jeden Wunders. Das Wunder der Brotvermehrung z.B. ereignet sich ganz im Rahmen der Naturgesetze (Lk 9,12-17), kommentiert Papst Leo (+ 461) in seiner 10. Predigt zur Fastenzeit: *„Keine Hingabe erfreut den Herrn mehr als jene, die seinen Armen zugewendet wird. Wo er Fürsorge und Erbarmen sieht, erkennt er das Bild seiner eigenen Güte. Bei solchen Ausgaben braucht man das Versiegen der Mittel nicht zu fürchten, denn das Wohlwollen selbst ist großer Reichtum. Auch kann der Freigiebigkeit der Stoff nicht ausgehen, wo es Christus ist, der die Nahrung gibt und empfängt. Bei jedem derartigen Werk ist die Hand beteiligt, die das Brot beim Brechen mehrt und beim Austeilen vervielfacht.“* (Sermo 48, PL 54, 300C-301A) Geteiltes Brot wird weniger. In Wohlwollen gereicht aber sättigt das immaterielle Lebensmittel der Zuneigung umso mehr. Kooperation sichert gerechte Güterverteilung. *„Gebt ihr ihnen zu essen!“* (Lk 9,13), ist Jesu Imperativ, der Vertrauen ins knappheitsgestresste Team setzt. So aber befähigt das Team die Volksmasse zu Selbstwirksamkeit, zu Teilhabe über Teilenlernen. Würde der Hunger nach Gerechtigkeit gestillt, müsste niemand mehr Hunger leiden nach Brot!

Jesus fängt eine neue Körperpolitik an. Heiliges Essen ohne Ausgeschlossene macht stark für Gerechtigkeit, formulieren Andrea und Bieler und Luise Schottroff. Die eucharistische Globalgeschichte beginnt mit der Passion und der Auferstehung des Gekreuzigten. Damit steht die Hoffnung der verängstigten *Organizer:innen* mit auf. Vom Ungeist der Angst und Gewalt zum Heiligen Geist der Vernetzung! Saulus wird Paulus. Wo er hinkommt, wo er auch strandet, versucht er

Auferstehung zu leben und erlebbar zu machen. Von Kirchewerdung des Heiligen Geistes spricht die Theologie. Das Missionsprojekt geht weiter. Das Magnificat ist bis heute nicht verstummt – in allen gewaltfreien Emanzipationsbewegungen mit und ohne Gott: bei Gandhi, King, Mandela, *Fridays for Future*, mit den Befreiungstheologien aller Kontinente, mit *OutInCurch, Maria 2.0* und auf dem *Synodalen Weg*. Wo aber Fähigkeiten geteilt und so gefördert werden, geht es auch um Konfliktfähigkeit. Dazu im folgenden Abschnitt, der ausgewählte Lukastexte als Lehrstücke zur Mobbingprävention liest.

Literatur: Arendt, Hannah: Mensch und Politik, München 1994, S. 77-88. Bieler, Andrea / Schottroff, Luis: Das Abendmahl, Gütersloh 2007, S. 179-218. Bolz-Weber, Nadia: Unheilige Heilige. Gott in den falschen Leuten finden, Moers 2016. Edenhofer, Annette: Zorn, das Drama der Liebe, in: Gaus, Ralf / Leinhäupl, Andreas (Hg.) Angewandte Theologie interdisziplinär, Ostfildern 2022, S. 229-236. Green, Joel: The architecture of Luke's Gospel, in: Ders.: Discovering Luke, London 2021, S. 109-129. Green, Joel: I rejoice in God my Saviour': God, God's purpose and Luke's Narrative, in: Ders.: Discovering Luke, London 2021, S. 130-161. Hare, Brian / Woods: Vanessa, Survival of the Friendliest, The Highest Freedom, London 2020, S. 150-185. Knauer, Peter: Der Glaube kommt vom Hören, Freiburg 1991, S. 375-378. Löffler, Winfried: Einführung in die Religionsphilosophie, Darmstadt 2006, S. 68-114. Nussbaum, Martha: Politische Emotionen, Berlin 2014, S. 357-387. Nussbaum, Martha: Zorn und Vergebung, Darmstadt 2017, 110-114, 297-343. Seewald, Michael: Einführung in die Theologie, Darmstadt 2018, S.145-147. Schnorrenberg, Leonhard u.a. (Hg.): Servant Leadership. Prinzipien dienender Führung, Berlin 2014.

2. MOBBINGPRÄVENTION: KOOPERIEREN STATT BESCHULDIGEN

Jesus ist Gottes Präventionsbeauftragter zum Schutz gegen Mobbing und Sündenbockjagden. Davon berichtet Lukas. Die Szenen der Aussendung schildern die Sozialkompetenz der Jünger und der Menschen in den Dörfern. Das Evangelium von Liebe- und Feindesliebe wirkt im Alltag. Theologisch ist das Anti-Mobbingprogramm das Programm zur Bekehrung von der Sünde. Das Ende der Sünde ist das Ende der Gewalt, für die Menschen Verantwortung tragen in Gestalt von Repression, Kollaboration und Ignoranz.

Im Folgenden soll der Blick auf Mobbingszenen bei Lukas gerichtet werden. Das diagnostische Wissen um die soziale Verfallsdynamik ermöglicht Unterbrechung, die erfolgreiche Anwendung der Stoppregel, und von dort die Entwicklung von Transformation: Kapitel 10, 17-20, „Der Lohn der Jünger", berichtet davon, wie die Dynamik sozial kompetenter Gruppen zwecks Stressbewältigung jäh kippen kann. Der Blick in Kapitel 13, 1-9, „Mahnung zur Umkehr" befasst sich mit Lukas' Notiz zu Pilatus' Mord an einer Gruppe von Galiläern und dem Mitläufer:innentum der Galiläer, die davongekommen sind. Von dort wird der Blick auf die Apostelgeschichte gelenkt, dort auf die Szene der Steinigung des Stephanus (Apg 7,54-8,1a): Saulus knüpft an die Kreuzigung Jesu an. Mit der Steinigung statuiert er ein Exempel, um Religionsdissident:innen zu warnen und die bedrohte öffentliche Ordnung wiederherzustellen. Schließlich zeigt Lukas, so rasant Mobbingdynamiken getriggert werden können, so plötzlich können Menschen von Bekehrung erfasst werden:

Saulus wird zum Paulus. Aus dem Initiator der Christ:innenverfolgung wird der Gemeindegründer (Apg 9,1-22). Aber was ist Mobbing? Dazu zunächst eine Erläuterung aus der Sicht heutigen Expert:innenwissens. Interessanterweise bezieht es sich prominent auf biblische Beobachtungen.

Mobbing nach René Girard

Der Anthropologe René Girard entwickelt seine Theorie des Sündenbockmechanismus, indem er Jesus als Mobbing-Transformator begreift. Scapegoating ist nach Girard die basale, wenngleich kontraproduktive Exitstrategie im Stress. Zeugnisse dieses Kommunikationsmusters entdeckt er in Sozialpraktiken aller Zeiten und Kulturen, damit auch in der Weltliteratur, in den Mythen der Weltreligionen, auch in der Bibel. Girard macht ein Lukas-Zitat prominent zum Buchtitel: (2008): *„Ich sah den Satan vom Himmel fallen wie ein Blitz"* (Lk 10,18). Hier seine Theorie in Kurzfassung: Unter steigendem Stress misslingender sozialer und intrapersonaler Problemlösung, so Girard, wiegeln sich intrapersonale Turbulenzen und dadurch Gruppen auf. Die toxische Mischung aus Hilflosigkeit und Beschuldigung lässt Gruppen zum Mob degenerieren. Um nicht dem Gewaltfuror des Kampfes eines jeden gegen jede zu verfallen, sucht die Gruppe Deeskalation. Dazu vereinigt sie ihre destruktiven Energien auf einen gemeinsamen Feind: *Die Schuldige muss her. Projektiv werden alle Probleme auf sie vereint. Deshalb muss er weg. Dann ist alles wieder gut. Die eigene Haut ist gerettet!* Dabei sind die Opfer gemessen an realer Verantwortlichkeit willkürlich gewählt. Außenseiter:innen sind leichte

Beute, dankbare Opfer. Dieser Sündenbock wird zum Protagonisten des Entlastungsmechanismus. Denn nach Jagd und Opferung sind überschüssige Energien soweit ausgelassen. Die so moderierten Kräfte können wieder dem sozialen Zusammenhalt dienen. Es herrscht wieder Frieden im Land, wenngleich ein falscher Friede mit notwendig neuem Eskalationspotenzial. Ausgestoßene sind heute mit Gewalt zur Ruhe gebracht. Deshalb werden sie nicht selten die Konterrevolutionäre von morgen. Viele Theorien befassen sich mit diesem bis heute vitalen Mechanismus. Dies belegt Literatur zu Mobbing-Prävention in der Pädagogik und als Thema von Arbeitsgesundheit. Auch Ethik und Emotionstheorie befassen sich z.B. mit dem Phänomen des Entlastungsrituals der Ilongot. Wird Sozialstress als unbeherrschbare Hilflosigkeit erlebt, veranlasst der Stamm Kopfjagden. Nach der kräftezehrenden Jagd findet die Gruppe im Angesicht der gepfählten Köpfe zum sozialen Frieden zurück.

Girards Beitrag soll hier als doppelt hilfreich vorgestellt werden. Zum einen betreibt Girard authentische Lukas-Auslegung, keine Steinbruch-Exegese, die nur zitiert, was ins Konzept passt. Denn nur mit einer Exegese, die sich Sperrigem nicht entzieht, lassen sich die entscheidenden Informations- und Transformationsressourcen fassen. Zum anderen wird Girard damit zum Entdecker: Er kann die biblische Konflikttheorie als Anti-Mobbing-Programm für *peacemaking* revitalisieren. Damit ist Jesus bei Lukas einerseits Botschafter für barmherzige Großzügigkeit. Jesus wird zum Anwalt ambitionierten Suchens alles verloren Geglaubten: Die Motive ‚Drachme, Schaf, Sohn‘ (Kapitel 15) sagen: Nichts ist zu klein, keine Schuld ist zu groß, um nicht doch Anteil am Reich Gottes haben zu können! Zugleich aber setzt Lukas Jesus als Bußprediger in Szene, der Selbstzufriedenheit erschüttern soll: Satan fällt vom Himmel (Lk 10,18), jäh können Sozialgefüge zu Rotten verkommen! Genauso plötzlich kann ein idealistischer Gerechtigkeitskämpfer in perfide Agitation verfallen. Ist der Geduldsfaden gerissen, erscheint Gewalt als legitim, ja die einzige Rettung gegen bestehende Gewaltmächte. Satan fährt in Judas und macht ihn zum Verräter, evaluiert Lukas (Lk 22,4). Wohin kommt man mit der neuen Aufmerksamkeit für Satan, den Diabolos, den Teufel? Zurück ins „finstere Mittelalter" oder in die Welt der Sekten heute? In eine furchteinflößende dualistische Weltsicht, die die Hölle obsessiv fürchtet, anstatt gemäß der frohen Botschaft engagiert auf den Himmel zu hoffen?

Girards These von Satan als Gruppendynamik des Mobbings schließt an Thomas von Aquins konstruktives „Persönlichkeitsprofil" des Teufels an: Der Teufel hat keine Persönlichkeit. Teufel steht für Nicht-Sein, Kaputtmachen, Zerstörung. Teufel, wörtlich: Widersacher, Satan, wörtlich: Ankläger, Diabolos, wörtlich: Durcheinanderwerfer, alle drei Namen bezeichnen keine Person, sondern die Kollektivdynamik von Sünde, lat.: privatio, dt. Beraubung in Gestalt von Lüge und Mord. Intrapersonal rotten sich Persönlichkeitsanteile zusammen, sozial rotten sich Gruppenmitglieder zum Mob zusammen. Intrapersonal werden die Anteile von Mitgefühl unterdrückt und Rachereflexe verstärkt. Ziel im Konflikt ist dann nicht mehr Versöhnung, sondern beschuldigendes Niedermachen. Die satanische Dynamik im ‚inneren Parlament' lebt die Lüge, die systemische Sicht von Konflikten zu verweigern. Der psychologische Fachbegriff für diese Form der Lüge ist ‚Projektion'. Im ‚inneren Parlament' werden also nur die Wirklichkeitsanteile vereint, die von den eigenen Konfliktanteilen ablenken. Eigene Konfliktanteile aber gibt es in jedem Konflikt, mit und ohne persönliche Schuldanteile. Jesus z.B. hatte an seiner Hinrichtung gar keine moralische Schuld gemessen am Ideal der Einen Welt. In Gewaltregimen nämlich werden Vertreter:innen der Wahrheit umgebracht. Denn Gewalttäter:innen negieren nach dem Freud-Feind-Schema die Wahrheit der Inklusion. Die Lüge von Exklusion und Exekution wird umgemünzt zur Wahrheit. Der Mord an Jesus wird als sicherheitspolitische Notwendigkeit ausgegeben – vollzogen mit minimal möglichem Kollateralschaden. Zusätzlich sichert die Kontrolle des Volksglaubens an den Opferkult das einträgliche Geschäft mit dem Opfertierhandel. *Es ist besser, wenn nur ein Mann anstelle des Volkes stirbt und so nicht das ganze Volk umkommt!* (vgl. Joh 11,50), rationalisiert die berühmte Kaiaphas-Formel die Herrschaftsinteressen der Tempelaristokratie. Dass die Eliten selbst nie ganz von ihrer Ideologie überzeugt sind, zeigt sich nach Girard am hohen Aufwand ihrer Propaganda. Immer neu muss die Mordsbrutalität kaschiert und der Anschein von nachhaltiger Problemlösung erweckt werden. Erfolgskriterium: Das Schweigen der Opfer! Und doch sind die Opfer nie ganz zum Schweigen zu bringen. Das Lukas-Wort: *„Vater, vergib ihnen, denn sie wissen nicht, was sie tun!"* (Lk 23,34), markiert auch nach Martha Nussbaum die souveräne Unbestechlichkeit des Folteropfers Jesu. Auch im Tod kollaboriert er nicht mit seinen Unterdückern. Er spricht die Wahrheit auch dann noch aus, wenn sie ihn das Leben kostet. Zivilcourage entwickelt ungeahnte Kräfte über den Körpertod hinaus: Wie gesagt, der Anschein von Ruhe im Land lenkt vom Investment in die Gegenwehr der Unterdrückten ab, die sich bei nächster Gelegenheit Bahn bricht. Theologisch gesprochen wird der Gefolterte auch dadurch als Auferstandener geglaubt, wenn der Schauprozess der Kreuzigung nicht ausreichend abschreckt. Die Verschreckten fassen neuen Mut. Die kurzzeitig unterdrückte soziale Bewegung zur Bewahrung der Schöpfung geht doch weiter. Der tote Körper wird zu sozialen Körpern.

Wie Martha Nussbaum begreift auch René Girard den Sündenbock-Mechanismus als aktivierte Erbsünde. Unsere latente Gewaltbereitschaft entspringe unserer Verletzlichkeit. Unter Bedrohung aber könne Verlustangst zu Angriff überkompensiert werden. Angriff erscheine dann als beste Verteidigung. Erbsünde wird zur Sünde. Das Potenzial wird Realität. Der theologische Traktat der Sünde scheint wenig attraktiv. Woher die Abwehr? Martha Nussbaum detektiert, mit der Sündenpolitik der Skrupulanz hätten sich die Religionen selbst um ihren konstruktiven Beitrag zur Konfliktbewältigung gebracht. Pädagogik, Psychologie und Arbeitsmedizin jedenfalls setzen das Thema ‚Mobbing' ganz oben auf ihre Tagesordnungen. Mit Girard lässt sich die Bibel als Anti-Mobbing-Manual lesen, genauso wie viele Beiträge der Weltliteratur. Mobbing ist eine Erscheinungsform unseres noch unbewältigten evolutiven Erbes des Flucht-Kampf-Mechanismus. Wie vital dieser Mechanismus ist, beweisen die Gewaltschauplätze der Welt der Ungleichheit. Die Mobbingtaktik der Problemverlagerung nämlich hält in destruktiven Strukturen gefangen. *Nach* dem Abreagieren ist vor der nächsten Stessaufladung. Der theologische Blick auf den Anteil persönlicher Verantwortlichkeit für diesen Lock-in-Effekt ist die Aufgabe einer zukunftsweisenden Sündenlehre. Dass das schlichte Laufenlassen des Sündenbockmechanismus selbst Sünde ist, nämlich gruppendynamisch verdrängte und doch subtil selbst arrangierte Zerstörung, davon berichtet bereits Lukas. Immer noch geben wir unserer evolutionären Disposition ‚Angriff als Verteidigung' unverhältnismäßig viel Macht – von der Kita bis hin zu politischen Schauprozessen. Mehr Macht dagegen bräuchte unser besseres Wissen, dass Mobbing über kurz oder lang immer kontraproduktiv wirkt. Nie werden Probleme behoben, sondern Menschen erledigt! Die Phase des Scheinfriedens, des wirksamen Mundtotmachens, des *Silencing* unterscheidet sich nach dem Grad der Institutionalisierung. Starke Regelwerke von Rassismus, Misogynie und Glaubensverfolgung regulieren – auch durch ungeschriebene Gesetze – Vormacht. Die Effektivität der Hegemonie bemisst sich daran, wie einmütig und wie lange eine Gruppe ihre Mit-/Täter:innnenrolle exekutiert. Impulse von schlechtem Gewissen, verstärkt durch kritische Anfragen von außen, setzen dem Lügenkollektiv zu. *Ich habe es nicht mehr ausgehalten!* Kann zum „Schlüsselwort" werden. Die Zimmertür geht auf, der Raum des Schweigens wird gebrochen! Die Publizistin Petra Morsbach legt in ihrem Essayband *Der Elefant im Zimmer* (2020) eine aufrüttelnde Analyse des Mitverschweigens vor. Reden hätte weder Leib noch Leben gekostet. Die vorteilhafte Alpha-Position wird allerdings gefährdet. Man verliert das beruhigende Gefühl, das Ohr der Macht zu haben. Oder man verliert den Schutz, im Schatten der Macht unbehelligt zu bleiben. Oder man gehört schlicht nicht mehr zum System: Austritt oder Exkommunikation sind mögliche Extreme. Zuvor aber ist der Handlungspielraum breit und unausgeschöpft. Relativ normale Intervention für Gerechtigkeit erzeugt nach Morsbachs Fallanalysen große Wirkung. Im Missbrauchsfall Groer z.B. habe eine einzige Pressemeldung dem Täter und dem verschleiernden Mitmobben der Kirche ein Ende setzen können. Warum erst nach Jahren mit so vielen Opfern von geistlichem und sexualisiertem Missbrauch? Für Girard und Nussbaum ist die Kreuzigung staatlich organsiertes Mobbing. Auch gruppendynamische Ereignisse von Schweigen können eine lange Halbwertszeit haben, belegen dunkle Familien- und Firmengeheimnisse. Wieso also hat die Scheinentlastungsdynamik durch Sündenbockjagden solche Macht?

Groß ist die Macht derer, die *nichts gemacht haben*. Denn man kann gar nicht nichts tun. Wer angesichts von Unrecht nichts tut, stimmt de facto zu. Man kann nicht nicht kommunizieren!, formuliert der Sozialpsychologe Paul Watzlawick. Auch für defensives Ausweichen, das sich nicht gänzlich unbewusst ereignet, sind Menschen verantwortlich, gerade angesichts schlimmster Folgen. Auch nach Girard und Nussbaum hat der Machtgestus der Designation des Opfers nur dann „Erfolg“, wenn er durch den Mob „abgesegnet“ wird. Fataler Erfolg durch den unseligen Segensgestus des Abnickens! Ohne Mitläufertum kein Mobbing! Mitläufer:innentum aber funktioniert via Desolidarisierung. Zurückweichen, sich im Schutz der Gruppe unsichtbar machen, um unter Druck nicht selbst in den Machtfokus zu geraten. Mitmachen bietet den Schutz der Mehrheit. Hannah Arendts These vom banalen Bösen formuliert die Grundbedingung: Gedankenlosigkeit! Arendt nennt Eichmann, den Organisator der Judenvernichtung, einen „Hanswurst": Unter der Herrschaft der Nazis erfülle er Aufträge, wie er zuvor Staubsauger verkauft habe. Dass das Böse nicht nur gedankenlos war, sondern durch Anreize gesteuert wurde, ergänzt die Forschung von André Breton und Wintrobe *„Bureuacracy of Murder revisited (1986)*. Mit diesem Befund erscheint die noch schlimmere Fratze des *banalen* Bösen: Deutsche Arbeiter reißen sich für einen kleinen Zusatzverdienst darum, an der Vernichtungsindustrie der Nazis beteiligt zu werden. Schriftliche Bewerbungen bekunden den entschlossen Arbeitswillen.

Gegen diesen trade-off vom kleinsten Vorteil gegen wahre Güter erzählt auch Lukas an. Die Jesus-Predigt des Lukas verweist wiederholt auf die Alternative zwischen dem Ausverkauf des Lebens-auf-Kosten-von und dem Anfang des ewigen Lebens, des Reiches Gottes. Leben mit Bestand besteht in der Vernetzung von Selbst-, Nächsten- und Gottesliebe. Theologisch ist der Himmel der Ort umfassender Inklusion. Niemand wird verloren gehen. Denn die Hölle, der Ort der Gottferne, der Lieblosigkeit, dieser Unort wird in der Ewigkeit als leer erhofft, sagt die Lehre der Kirche von der Apokatastasis, der Allerlösung. Nach Lukas ist Mobbing die Hölle auf Erden. Satan, die Kräfte projektiver Gruppengewalt sind am Werk. Nun also ein Blick auf das Storytelling des Lukas.

Mobbing bei Lukas: Satan, Blut, Steine, Licht

Satan: Gruppendynamischer Verfall (Lk 10,17-20)

Der Lohn der Jünger (Lk 10,17-20)
17 Die Zweiundsiebzig kehrten zurück und sagten voller Freude: Herr, sogar
die Dämonen sind uns in deinem Namen untertan. 18 Da sagte er zu ihnen:
Ich sah den Satan wie einen Blitz aus dem Himmel fallen. 19 Siehe, ich habe
euch die Vollmacht gegeben, auf Schlangen und Skorpione zu treten und
über die ganze Macht des Feindes. Nichts wird euch schaden können. 20
Doch freut euch nicht darüber, dass euch die Geister gehorchen, sondern
freut euch darüber, dass eure Namen im Himmel verzeichnet sind!

Diese Passage gehört zu den ersten Erfolgsevaluationen des Ausbildungsprojekts für Mission. Um den gelingenden Start des Zwölferteams geht es in den Aussendungsberichten (Lk 9,1-6). Der Erfolg macht Schule. Denn Kapitel 10 berichtet bereits von 72 Trainees. Lk 10,19 benennt das Geheimnis des Erfolgs: *„Siehe ich habe Euch Vollmacht gegeben!“* Jesus ist kein Manipulator. Jesus gibt seinem Team eigene Gestaltungsmacht, um wiederum andere Menschen zu Wohlwollen zu befähigen und Machtmissbrauchsenergien umzuwandeln. Dieses Missionsprojekt ist noch ganz frei von den Zwangstaufen der Kirchengeschichte. Hier ist Macht noch nicht korrumpiert repressiv, sondern souverän. Hier ist Macht Dienst: *„Alles ist mir übergeben von meinem Vater!“* (Lk 10,22). Was Jesus selbst empfangen hat, gibt er weiter. Und für diese Ausbildung zum *Servant Leadership* haben die Zweiundsiebzig frei entschieden, für ihr treuhänderisches Weitergeben von Gelerntem. In dieser Kommunikationsschulung erlebt sich das Team als „begnadet selbstwirksam“. In der Offenheit ihrer Lernbereitschaft erfahren diese Azubis das Upgrade göttlicher Inspiration. Wo steht das im Text? Lk 10,19 enthält die Informationen: *„Ich habe euch die Voll-*

macht gegeben, auf Schlangen und Skorpione [vgl. Ps 91,13] zu treten und über die ganze Macht des Feindes. Nichts wird euch schaden können." Der Versanfang klärt mit der Frage zur Vollmacht den Bildungsauftrag. Sie kommt von höchster Stelle, von Gott. Große Bildungsträger gestalten die Landschaft. Lukas schließt seinen Bericht zur Lernstandsentwicklung mit archaischer Rhetorik. Denn die Erfolgsbilanz klingt unglaublich: Die Metapher der giftigen Tiere reanimiert das emanzipatorische Empowerment der Psalmen. In bester Bildungstradition konnten die Zweiundsiebzig in nur kurzer Ausbildungszeit bereits toxische Kommunikation entmachten. Lk 10,19 schließt mit dem Blick auf die Arbeitssicherheit: 100%! – trotz hoher Risiken am Arbeitsplatz. Die Mission ist gefährlich. Denn die Schlangen und Skorpione sind am Leben, auch wenn die Raubtiere das Biotop nicht dominieren.

Lk 10,20 nennt dementsprechend Risiken und Nebenwirkungen: *„Doch freut euch nicht darüber, dass euch die Geister gehorchen, sondern freut euch darüber, dass eure Namen im Himmel verzeichnet sind!"*. Die Namen der Teammitglieder sind bereits verzeichnet auf der Alumniliste am himmlischen Campus: Nachhaltige Kommunikation macht unbedingt Sinn, währt ewig. Lukas aber lässt Jesus nicht hinterm Berg halten: Gerade weil die Mission Sinn macht und Transformationskraft hat, werden sich ab jetzt schmerzliche Misserfolge mehren. Römer, Pharisäer, Priester haben bereits zum Mobbing geblasen. Der Erfolg der Jesusbewegung bedroht ihre Vitalinteressen. Die Wende zu Macht als Dienst wäre ihre totale Niederlage. Diesen Wandel gilt es mit allen Mitteln abzuwenden, wenn die Gelegenheit günstig ist. Jesus sieht dieses Eskalationsszenario voraus: *„Ich sah den Satan wie einen Blitz aus dem Himmel fallen."* (Lk 10,17) Lukas stellt das Worst-Case-Szenario des jähen Umschwungs der Erfolgsbilanz der Mission voran. Das Team soll die Konditionen kennen, um sich informiert über Zukunftsszenarien für oder gegen ihren Arbeitsplatz entscheiden zu können. Niemand scheidet aus, bis zum letzten Abendmahl (Lk 22,3). Unter steigendem Druck aber wird Zivilcourage selten gestärkt, meist geschwächt. Echt begeisterte Kooperateur:innen fallen zurück in Mobbingmuster. Aus Angst vor Nachteilen laufen sie und sie kollaborieren. Von diesem Umschwung ins Mobbing spricht das Wort: *„[. . .] freut euch nicht darüber, dass euch die Geister gehorchen [. . .]"* (V. 20). Jetzt, in der Erfolgsphase der Mission gelingt es den Jünger:innen, Menschen in positive Resonanz zu bringen. Es gelingt, den Gruppengeist der Kooperation zu wecken und zu stabilisieren. Unter Druck aber kann diese verlässlich geglaubte Solidarität in Destruktivität kippen, in den Ungeist des Mobbings. Der Theologe Walter Wink legt in „Verwandlung der Mächte" eine umfassende Exegese vor zum Topos der „Mächte und Gewalten" und ihrer Umschlagsdynamik. Das Forschungsteam Brian Hare und Vanessa Woods wertet Hirnscans aus, die die Ausschüttung von Endorphinen und Oxytocin sowohl beim Lieben als auch beim Morden zeigen. Nicht nur gelungene Kooperationen, auch Sündenbockjagden machen Lust. Allmachtsgefühle durch Kontrolle werden als lustvoll erlebt. Wer erfolgreich dominiert, ist sicher vor Verletzungen durch andere, sichert das eigene Überleben und Privilegien. Das gewalttätige Kontrollieren kontraproduktiv in Gewalt gefangensetzt, geht im Furor der Machtlust unter.

Umso mehr ist eine rationale Entscheidung für Kooperation in nicht turbulenten Zeiten nötig. Die Fähigkeit zu Freundlichkeit ist nach Hare und Woods die schon immer wirkmächtigere Evolutionsdynamik als Scapegoating. Diese Forschung antizipiert der Jesus des Lukas. Denn die Geister gehorchen. Die Warnung aber, sich nicht zu früh zu freuen, lehrt wie die gesamte Textkomposition des Lukas' auf die Kreuzigung zu: Wenn die Transformationskräfte für gerechten Frieden stark werden, wird der Rückfall in Gewalt mitprovoziert. Das Ereignis des Umschwungs kommt jäh – genau dann, wenn sich Machthaber kritisch bedroht fühlen und mit möglichst wenig Gegenwehr gegen ihren Machteingriff rechnen müssen. Vor dieser Dynamik warnt das Wort vom blitzartigen, satanischen Verfall der Sitten.

Persönliche Bestechlichkeit und der Verfall fairer Institutionen gehen in unheilvolle Resonanz. Ohne Kooperationsregeln herrscht das Recht des Stärkeren. Anti-Mobbingprogramme helfen Kindern und Jugendlichen im besseren Falle, zu Erwachsenen mit Rückgrat zu werden. Ihr Leadership wird gebraucht. Denn Rückfälle gibt es vielerorts. In Deutschland erstarkt neuer Rechtsradikalismus. Der anhaltende Rassismus in den USA ernüchtert Martin Luther Kings Traum. Gandhis Indien erhebt Hindu-Supremacy unter Modi zur Chefsache, so lautet die traurige Bilanz globaler Gewaltbereitschaft, die der indisch-britische Publizist Pankaj Mishra in seinem Essayband „Zeitalter des Zorns“ (2017) zieht.

Nicht immer fallen die Ereignisse jäh wie Blitze vom Himmel. Dennoch laufen Verfallsdynamiken oft zügig, auch weil sie am helllichten Tag merkwürdig unbemerkt bleiben: Der Elefant im Zimmer! Nicht sein kann, was nicht sein darf! Petra Morsbach schildert eindrücklich, wie Kardinal Groer als Förderer von geistlichem Nachwuchs gefeiert wird und unzählige persönliche Missbrauchsbeschwerden über Jahrzehnte kein Gehör finden. Wegsehen verharmlost doppelt: Das bereits aktivierte Gewaltlevel der Täter wird klein geredet. Komplementär gibt sich das *appeasement* der Umwelt als *peacemaking* aus. Bagatellisieren von Gewalt aber lädt die Aggressor:innen der Welt ein, ihre Machtgelüste ungehindert ins Werk zu setzen. Auch Lukas befasst sich mit dem Problem von Mitläufer:innen und ihren Beschwichtigungsnarrativen. Hier ein Blick auf Kapitel 13,1-9, „Mahnung zur Umkehr".

Blut: Die Körperpolitik des Pilatus (Lk 13,1-9)

Ruf zur Umkehr: Ihr werdet zugrunde gehen! (Lk 13,1-9)
1 Zur gleichen Zeit kamen einige Leute und berichteten Jesus von den Ga-
liläern, deren Blut Pilatus mit dem ihrer Opfertiere vermischt hatte. 2 Und
er antwortete ihnen: Meint ihr, dass diese Galiläer größere Sünder waren
als alle anderen Galiläer, weil das mit ihnen geschehen ist? 3 Nein, sage ich
euch, vielmehr werdet ihr alle genauso umkommen, wenn ihr nicht um-
kehrt. 4 Oder jene achtzehn Menschen, die beim Einsturz des Turms am
Schiloach erschlagen wurden – meint ihr, dass sie größere Schuld auf sich
geladen hatten als alle anderen Einwohner von Jerusalem? 5 Nein, sage ich
euch, vielmehr werdet ihr alle ebenso umkommen, wenn ihr nicht um-
kehrt. 6 Und er erzählte ihnen dieses Gleichnis: Ein Mann hatte in seinem
Weinberg einen Feigenbaum gepflanzt; und als er kam und nachsah, ob er
Früchte trug, fand er keine. 7 Da sagte er zu seinem Winzer: Siehe, jetzt
komme ich schon drei Jahre und sehe nach, ob dieser Feigenbaum Früchte
trägt, und finde nichts. Hau ihn um! Was soll er weiter dem Boden seine
Kraft nehmen? 8 Der Winzer erwiderte: Herr, lass ihn dieses Jahr noch
stehen; ich will den Boden um ihn herum aufgraben und düngen. 9 Viel-
leicht trägt er in Zukunft Früchte; wenn nicht, dann lass ihn umhauen!

Im geschilderten Disput trifft Jesus auf seine „eigenen Leute“, auf eine Gruppe von Galiläern. Er kritisiert diese Gruppe, erstens, für ihre Tun-Ergehens-Magie und, zweitens, für ihre mangelnde Solidarität mit den Opfern des Scapegoatings durch Pilatus. In Folge warnt er die Gruppe, drittens, vor kontraproduktiver Selbstvernichtung. Dagegen ruft Jesus zu Bekehrung und beschreibt sie als lebensnotwendige Transformation. Es handelt sich um einen Wachstumsprozess, sogar mit exakter Zeitangabe. Drei Jahre nennt Jesus mit dem Gleichnis vom Feigenbaum als Karenz, den Transformationspfad einigermaßen sicher zu beschreiten oder aber unterzugehen. Davon berichtet der Disput.

Zu Vers 1: Mit diesem Bericht führt Lukas in Lk 13,1 den römischen Statthalter Pilatus im Vollzug seiner normalen Amtsgeschäfte ein. Besatzungsmächte nutzen Pogrome, Kleingenozide als normales, weil effektives Herrschaftsmittel. Alltägliche Todesangst über (Massen-)Hinrichtungen zu erzeugen, gehört zum zeit- und gesellschaftsinvarianten Repertoire von Vorbeugungsmaßnahmen. Schreckensinszenierungen sollen vor Aufständen schützen und die Macht der Besatzer sichern: Diese These wird belegt durch die Forschung des Neurobiologen Robert Sapolsky in „Behave“ (2017) oder durch den Forschungsüberblick „Violence“ von Philip Dwyer (2022). In Lk 13,1 lässt Lukas auch die Galiläer im Vollzug ihrer normalen Geschäfte erscheinen. Sie opfern Tiere. Jesus ist kein Opfergegner, solange Tieropfer der Zähmung menschlicher Gier dienen und die Fähigkeit der Nächstenliebe fördern. Das magische Opfermissverständnis als Automatismus aber lehnt Jesus ab: Geld gegen Gottesnähe. Darin besteht seine Kritik am geistlichen Missbrauch der Tempelpriester und der finanziellen Ausbeutung durch die Handlanger der Tempelhändler (Lk 19,45-48). Der Gott Jesu Christi ist schon immer in uns und um uns. Glauben ist dagegen die neue Innen- und Außenwahrnehmung, dass alles Leben göttlich inspiriert ist und somit nicht erst erkauft werden muss. Lukas' Bericht entlarvt die entrüsteten Galiläer tatsächlich als nur äußerlich fromm. Sie opfern uninspiriert. Sie betreiben *Fingerpointing.* In einer Mischung aus Verängstigung und Entrüstung zeigen sie mit dem Finger auf Pilatus. Ihre Volksgenossen hatte er mit auf ihrem Altar geopfert. Ihre Story lautet, wo sie gemäß der Tora ein reines Tieropfer darbringen, opfert der perverse Sckreckensherrscher Menschenleben als Götzendienst des Kaiserkults. Diese Kritik scheint Jesus zu teilen. Denn Lukas verwendet kein weiteres Wort darauf. In Lk 13,2 aber lässt Lukas Jesus rhetorisch einhaken: *Ob sie glaubten, ihre ermordeten Volksgenossen seien größere Sünder als sie selbst, weil es sie getroffen hatte?* – War davon die Rede? Jesus kritisiert das Weltbild der Galiläer, die gnadenlose Selbstverständlichkeit des Tun-Ergehen-Zusammenhangs: Gute werden belohnt, Schlechte werden von Gott gestraft durch ein schlimmes Erdenschicksal. Gegen diese Ideologie geht Jesus vor. Gerade in den Szenen der Krankenheilungen weist er diesen falschen Kausalitätsglauben ab. Krankheit ist keine Strafe für die eigenen Sünden oder die der Ahnen, sondern Anlass, nach Heilung und Inklusion zu suchen.

Zu Vers 2: Der „Selbst-schuld!-Glaube" ist durchaus praktisch. Damit können sich die Galiläer aus der Verantwortung stehlen: *Nicht meine Baustelle! So war's einfach! Nichts zu machen gegen Pilatus!*, diesen Fatumsglauben der Berichtenden entlarvt Jesus erfolgreich. Niemand aus der Gruppe wagt auszusprechen, worin sie sich insgeheim einig sind: Die Getöteten sind größere Sünder:innen als sie selbst. Sonst wären sie nicht zuerst dran gewesen, während sie verschont geblieben sind. Diese Überzeugung ist kollektives Bewusstsein. Dagegen antizipiert Jesus die evolutionsbiologische Einsicht von „losen Enden". Nicht alles in dieser Welt kann als Sinnkonstruktion gelesen werden. Für sein Schicksal voll und ganz verantwortlich zeichnen zu wollen, ist Selbstmissbrauch. Die gute Idee dahinter ist Selbstwirksamkeit in Grenzen. Jesu Kritik offenbart, wie sehr Menschen des Einstiftens von Sinn bedürfen, um die Härten des Lebens für erträglich zu halten. Die Sinnideologie ‚Alles, was ist, musste genauso kommen!' aber macht unsolidarisch. Härten werden nur zum Schein bewältigt. De facto verschlimmert Fatumsgläubigkeit die Leiden. Jesus will Emanzipation von scheinbar gottgegebener Schicksalsgläubigkeit provozieren. Wo Unsinn zu Sinn erklärt wird, bleibt man sich gegenseitig die Lebensförderung schuldig, die möglich gewesen wäre. Welche Möglichkeit hätte hier bestanden?

Zu Vers 3: Hier lässt Lukas Jesus den Berichtenden drohen, sie selbst würden mutmaßlich bald umkommen, weil sie so berichten! Pilatus hatte gemobbt, um ein Machtexempel zu statuieren. Die Berichtenden mobben geistlich und rhetorisch. Es ist eine Lebenslüge, wenn sie ihresgleichen als „fällig" schildern. Wer Gewalt, wann immer sie sich ereignet, als verdientes Fatum hinzunehmen bereit ist, wird Gewalt nicht unterbrechen, sondern vermehren. Dieses Narrativ offenbart den Unglauben an den Schöpfergott. In Lebensförderung wird er gepriesen. Gewalt lästert ihn. Damit ist das Tieropfer der Galiläer ungläubig gebracht, nicht reinen Herzens. Die Opferpraxis dient nicht dazu, Angst und Gier zu zähmen, um die 10 Gebote besser zu leben, um mehr Solidarität zu entwickeln. Mit der Art ihrer Berichterstattung opfern die Galiläer den Sinn der Gebote. Aber hätten sie das Massaker wirklich unterbrechen können?

Pilatus kommt mit ausgebildeten Soldaten. Das Blutbad war unabwendbar. Storytelling aus Glauben aber muss trotzdem daneben gehen: *Das Blut hätte um Gottes willen nicht fließen dürfen!* Es ist höchste Zeit für Solidarität im Erzählen. Gerechtes Erzählen stärkt zivilen Widerstand. Machtexempel werden geschehen. Gerechtigkeitssinn aber kennt keine falsche Zustimmung zu Gewalt als Schicksal. Im fairen Storytelling sinkt die geistige und soziale Kollaboration mit den eigenen Unterdrückern. Authentische Narrative formen soziale Bewegungen, die sich nicht mehr so leicht erledigen lassen. Davon erzählt die Apostelgeschichte. Zu dieser Umkehr vom Tod zum Leben will Jesus die Galiläer mahnen. Nicht Botschafter von Fatum ohne Chance auf Leben sollen sie sein, sondern Botschafter für bessere Lebensverhältnisse mit Gefahrenbewusstsein und damit für den Glauben an den schöpferischen Gott. Darin besteht die Umkehr. Jesu Gleichnis vom Einsturz des Turms von Schiloach (Lk 13,4) offenbart moralisches Versagen, für das die Galiläer zunächst keine Verantwortung tragen. Sie sind politisch Verfolgte der Besatzungsmacht. Erst durch ihre verpasste Zivilcourage machen sich die Opfer zu Mittäter:innen. An einstürzenden

Kleiderfabriken in Bangladesch macht sich der reiche Norden mitschuldig, wenn die Textilien gekauft werden und die „spätkoloniale Geschichte" de facto Zustimmung findet. Alle tragen Verantwortung für das Projekt der Weltverbesserung. Alle aber werden von mangelnder Solidarität getroffen, früher oder später, sagt Lk 13,5: *Ihr werdet genauso umkommen, wenn ihr nicht umkehrt!* Die Drohung macht Lukas zur guten Nachricht: Opfer haben Selbstwirksamkeit, mehr Optionen, mehr Energie als im Opferstatus spürbar ist. Deshalb macht Jesus die Galiläer verantwortlich für ihre Desolidarisierung. Sie hätten anders gekonnt. Solidarität hätte retten können. Gerade angesichts des Massakers hätten die Galiläer würdig Totenklage halten können: Das Blut ist Blut von Opfern eines Unrechtsregimes, kein Blutzoll, den ein Moloch verlangt. Desolidarisierung im Erzählen und Handeln dagegen gibt Gewalttäter:innen ein leichtes Spiel. Damit zeigen die Opfergruppen ihre Bereitschaft zur Unterwerfung unter die Übermacht. Die Erotik der Macht, ein dunkles Faszinosum für Täter, Mitläufer und Opfer auf je eigene Weise. Jesus kontert das *Fingerpointing* allein auf Pilatus. Denn damit zeigen sie zugleich mit dem Finger auf ihre Blutsgeschwister: *Sie müssen es verdient haben!* Mit dieser Moral der Geschichte verharmlosen die Galiläer ihre Eigenverantwortung. Bekehrung jetzt: Keine Ablenkungsmanöver mehr! Ab jetzt Zivilcourage!

Das Bild vom Feigenbaum aber nimmt den Druck heraus. Das Bekehrungsprogramm ist klar. Es muss entschieden verfolgt werden. Die kontraproduktiven Folgen bei Transformationsverweigerung macht Lukas hier überdeutlich klar, salopp: *Die größten Kälber wählen sich ihre Henker selber!* Aber Jesus gibt den Galiläern Zeit. Die Lehre lautet: Eine angemessene Trainingszeit ermöglicht die neue Lebensqualität unter den Besatzern: Rückgrat statt Anpassung. Lebensenergien für Inklusion statt Mobbing. Eine dreijährige Wachstumszeit, ein Dreijahrestraining, scheint ausreichend, um sich auf dem Transformationspfad einfinden zu können. Dann soll die Bekehrung zu Selbstwirksamkeit für Solidarität aus Gottvertrauen Bestand haben. Von Beziehungsfähigkeit unter Stress als Anti-Mobbing-Programm berichtet auch die Apostelgeschichte. Hier ein Blick auf Saulus, der zum Paulus wird.

Steine: Stephanus stirbt! Jetzt erst recht! (Apg 7,54-8,4)

Die Steinigung des Stephanus (Apg 7,54-8,4)
54 Als sie das hörten, waren sie in ihren Herzen aufs Äußerste über ihn empört und knirschten mit den Zähnen gegen ihn. 55 Er aber, erfüllt vom Heiligen Geist, blickte zum Himmel empor, sah die Herrlichkeit Gottes und Jesus zur Rechten Gottes stehen 56 und rief: Siehe, ich sehe den Himmel offen und den Menschensohn zur Rechten Gottes stehen. 57 Da erhoben sie ein lautes Geschrei, hielten sich die Ohren zu, stürmten einmütig auf ihn los, 58 trieben ihn zur Stadt hinaus und steinigten ihn. Die Zeugen legten ihre Kleider zu Füßen eines jungen Mannes nieder, der Saulus hieß. 59 So steinigten sie Stephanus; er aber betete und rief: Herr Jesus, nimm meinen Geist auf! 60 Dann sank er in die Knie und schrie laut: Herr, rechne ihnen diese Sünde nicht an! Nach diesen Worten starb er. 8,1 Saulus aber war mit seiner Ermordung einverstanden. An jenem Tag brach eine schwere Verfolgung über die Kirche in Jerusalem herein. Alle wurden in die Gegenden von Judäa und Samarien zerstreut, mit Ausnahme der Apostel. 2 Fromme Männer bestatteten Stephanus und hielten eine große Totenklage für ihn. 3 Saulus aber versuchte, die Kirche zu vernichten; er drang in die Häuser ein, schleppte Männer und Frauen fort und lieferte sie ins Gefängnis ein. 4 Die Gläubigen, die zerstreut worden waren, zogen umher und verkündeten das Wort.

Lukas berichtet, wie der pharisäische Jude Saulus an das staatlich organisierte Mobbing der Kreuzigung anknüpft. Diese Kreuzigung hatte die alten Herrschaftsverhältnisse der Pharisäer, Tempelpriester und der römischen Besatzungsmacht befestigt. Mit der Zustimmung zur Steinigung des Stephanus (Apg 8,1a) will Saulus Machtinteressen der anderen Art sichern. Er will keine Boni, nicht seinen Vorteil. Er will Macht, um die Moral zu retten. Er ist Moralpolizist gegen die Libertinage der Jesusbewegung. Als Mann der Exekutive unterwirft er sich selbst dem Regelwerk, dem Aushöhlung droht. Saulus muss zum Äußersten greifen. Die öffentliche Hinrichtung wird die Sitten wieder aufrichten und neuerliche Umtriebe ersticken. Die Kreuzigung verlangt Folgemaßnahmen. Denn die eben noch versprengte Schar institutionalisiert sich, gründet Kommunen und agitiert öffentlich. Die Bewegung wächst. *Kein Wunder! Wer es sich so leicht macht, hat Zulauf!* Saulus steht für die pharisäisch strenge Observanz moralischer Reinheit. Die Jesusbewegung ist der legitime Sündenbock des Saulus: Wer würde nicht die Kontrolle verlieren, würde tatsächlich nur gelten: *Der Mensch ist nicht für den Sabbat da, sondern der Sabbat für den Menschen?* (vgl. Lk 6,5). Man darf Saulus unterstellen, authentisch bemüht zu sein, Menschen vor ihrem schlechteren Selbst zu schützen. Wer würde wirklich Gottesfurcht und Mitmenschlichkeit schaffen nur aus der Motivation der Liebe ohne Regeln?!

Mit den Versen 54-56 illustriert Lukas die starke Persönlichkeit des Stephanus. Seine Führungspersönlichkeit prädestiniert ihn als Sündenbock der Hohepriester. Der junge Saulus ist gerade nur am richtigen Ort: *„Als sie das hörten, waren sie* *in ihren Herzen aufs Äußerste über ihn empört und knirschten mit den Zähnen gegen ihn. 55 Er aber, erfüllt vom Heiligen Geist, blickte zum Himmel empor, sah die Herrlichkeit Gottes und Jesus zur Rechten Gottes stehen 56 und rief: Siehe, ich sehe den Himmel offen und den Menschensohn zur Rechten Gottes stehen.*" In den Augen der Hohepriester und des Pharisäers Saulus ist Stephanus Chefideologe, eine schlechthin besorgniserregend charismatische Figur. Ursprünglich sind sich Hohepriester und Pharisäer nicht grün. Die Priesterschaft steht für Kult, die Pharisäer stehen für moralisches Regiment. Beide Verabsolutierungen brandmarkt Jesus als Missbrauch, den Kult als Magie, Moralismus als Statuswettbewerb um Höherwertigkeit. Stephanus ist Frontmann der systemkritischen Jesusbewegung und damit der gemeinsame Feind aller Eliten. Stephanus' Transzendenzglaube, schildert Lukas, macht ihn geistlich resistent gegen alle Androhungen von Maßregelvollzug der Herrschaftsgruppen. Wer im Totalstress der Lebensbedrohung wirklich die Herrlichkeit des Himmels sieht, scheint unbestechlich. Diese Emanzipationsfähigkeit zieht immer mehr Menschen in den Bann. Die unter dem Kreuz zunächst erfolgreich Verschreckten fassen neuen Mut. Sie wollen Zivilcourage nach dem Programm Jesu weiterlernen. Gegen diesen Aufbruch muss das Exempel jetzt statuiert werden. Den Versen 54-56 geht die Verteidigungsrede des Stephanus (Apg 7,1-53) voran. Lukas lässt seinen Helden ein spirituelles und rhetorisches Glanzstück geben. Er widersteht seinen Mördern ins Angesicht. Über 53 Verse hinweg führt Stephanus in bester jüdisch-prophetischer Tradition die restaurative Abwehr der Hohepriester ad absurdum. Als Vorverurteilter, als bereits

Verhafteter hatte er überzeitlich souverän gesprochen (Apg 6,8-15). Dagegen sind die Autoritäten argumentativ am Ende, empörtes Zähneknirschen. Sie müssen ihrem Diskurspartner ein Ende machen. Diesen Kontrast an Souveränität inszeniert Lukas als Präambel zur Hinrichtung. Die aus Glauben Hingerichteten büßen nichts an persönlicher Souveränität ein. Sie verlieren ihren Körper, weil sie ihn hingeben wollen, um der Botschaft treu zu bleiben, um ihre Identität zu retten. Dagegen enttarnen sich die Gewaltherrscher durch die Wahl ihrer Mittel selbst. Gewalt ist armselig. Gewaltherrscher sind in Wahrheit Ohnmächtige. Diesen Kontrast inszeniert fast zweitausend Jahre später z.B. auch das Finale der Harry-Potter-Romane. Der an Gewaltmitteln überlegene „dunkle Lord" kann Harry Potter nicht töten. Der Junge hatte sich vor dem Kampf entschieden, sein Leben für die Gerechtigkeit zu geben. Falls es Geist gibt – gegen materialistische Weltbilder, zeugen diese Narrative von der Macht des Geistes. Wo der Geist der Liebe Begeisterte findet, gibt es Verluste in Materialschlachten. Zugleich aber formatiert Geist Materialien neu. Lukas erzählt, dass Pfingsten nicht auszulöschen ist (Apg 2,1-21).

Wenn Mobbing zwecks reiner Druckentlastung mitunter willkürlich Opfer designiert, hat das Mobbing der Hohepriester Kalkül: Die Störer der Ordnung müssen weg. Lukas inszeniert Stephanus als würdigen ersten Märtyrer für den Glauben an den Gekreuzigten. Beide Männer sterben, weil ihre Feinde ihnen Recht geben müssen, ihnen dieses Recht aber verweigern. Zu viel liegt den Eliten an ihrer Vorherrschaft über Menschen und deren Moral. Lukas' Bericht wertet die Steinigung als normative Zustimmung der Mörder zum Argument des Opfers. Kein Wort, nur Mord bleibt den Eliten als Konter. Mit der Steinigung des Stephanus beschreibt Lukas das erste Experiment zur Emanzipation von den Unterdückern. Damit will er den Nutzen bestätigen, den er mit dem Jesus-Wort in Aussicht gestellt hatte: *„Denn wer sein Leben retten will, wird es verlieren; wer aber sein Leben um meinetwillen verliert, der wird es retten."* (Lk 9,24) Entsprechend bringt Lukas auf dem Höhepunkt seiner Komposition die Analogie zum Jesus-Wort am Kreuz: „Sie aber steinigten Stephanus; er aber betete und rief: *„Herr rechne ihnen die Sünde nicht an!"* (Apg 7,60) Im Evangelium heißt es: *„Jesus aber betete. Vater vergib ihnen, denn sie wissen nicht, was sie tun."* (Lk 23,34) Clever ist die Steinigung nur in der Freund-Feind-Welt der Machthaber. Sie kennen nur Sieger und Besiegte. Damit haben sie nichts verstanden. Für Lukas ist der wahre Sieger Stephanus, weil er auf Sieg verzichtet. Er ebnet den Zukunftsweg in eine versöhnte Welt, die Feindschaft überwindet. Nachhaltigkeit erfordert Feindesliebe. Vielleicht verstehen die Eliten die Theorie? In der Praxis sind ihnen die Kosten ihres Vormachtverlusts zu hoch. Sie sind Adepten der Flucht-Kampf-Welt, noch keine Bewohner der Schöpfung. Worin aber besteht die strategische Cleverness der Steinigung? Lukas gibt ein aufschlussreiches Monitoring zu den Wirkfaktoren des Mechanismus.

Sündenbockjagden funktionieren durch Kaschierung von Tatsachen und Verantwortlichkeit. Für Saulus sind Recht und Ordnung tatsächlich die Wahrheit, das Programm Jesu ist Verwirrung der Behörden. Für die Hohepriester sind Kult samt Gewinnen der Tempelbank ihr legitimes Privileg. Sündenbockjäger bedienen sich meist gar nicht der dreisten Lüge. Sie belügen erst sich selbst, dann andere. Dass Mobber aber um ihr eigenes Vorgaukeln halbbewusst wissen, offenbart sich am Arrangement der verdeckten Regie, der Tarnung von Verantwortlichkeiten. Die Drahtzieher sind oft nicht die Ausführenden. An den Händen der Hohepriester soll kein Blut kleben. Priester sind rein, But ist unrein. Als Machterprobte sind sie trainiert im Instrumentalisieren. Für schmutzige Geschäfte hat man seine Leute. Die Leute, die in Apg 7,57 auf Stephanus losgehen sind die Mitläufer, die jedes Mobbingsetting braucht. In Apg 6,8-15 gibt Lukas das Profil der Mittäter. Es sind verschiedene Synagogen und die Hohepriester, die sich angesichts des gemeinsamen Feindes plötzlich einig sind. Beide Gruppen vereinen sich als narzisstisch Gekränkte. Manche werden tatsächlich den Verlust der Ordnung nach Mose fürchten (Apg 6,11). Aus einer Mischung von Kränkung und Etatismus sind die Teilgruppen zu allen Schandtaten bereit, berichtet Lukas. In ihrer Aufregung zerren sie falsche Zeugen herbei (Apg 6,13). Dieser aufgeheizte Mob ist die Entourage der Hohepriester. Der Mob treibt Stephanus vor die Tore und wirft die Steine. Mobben ist der Furor aufgeheizter Gemüter, die nach Kühlung trachten. Rage treibt die Jagd und verhindert Nachdenken. Gruppen sind von Sinnen. Girards Analysen zeigen, viele Kulturen nehmen Drogen zu Hilfe, um das Spektakel zu inszenieren und als Machttaumel auszukosten. In diesem Sinne bezeichnet Lukas die Kreuzigung als Schauspiel (Lk 23,48). Dieses Inferno der besinnungslosen Exekution des Stephanus scheint in Apg 7,58 durch. Die Zeugen werden Exekutoren.

Sie ziehen ihre Kleider aus. Denn es wird ein Blutbad. Die Untat wird durch Ehrbezeugungen für Saulus scheinlegitimiert. Ihm legen sie ihre Kleider zu Füßen. Lukas holt den Ordnungshüter aus der Deckung: *„Saulus aber war mit dem Mord einverstanden!“* (Apg 8,1a). Saulus befürwortet den Mord. Als Befürworter ist er ein Täter. Das Handwerk übernimmt der Mob. Regisseure im Interessensverbund mit allen anderen Akteuren sind die Hohepriester. Geschickt bedienen sie sich der aufgewiegelten Synagogen und des aufgewiegelten Mobs. Eine kollektive Täterschaft. Leicht lässt sich daraus die Geschichte machen: *Das hat sich ein Aufrührer selbst zuzuschreiben!* Dabei handelt es sich um eine Scheingerechtigkeit im *Coworkingspace*, Mord als Teamwork vor aller Augen, kaschiert als Notwendigkeit der Staatsräson.

Dass den Bildungseliten mehr Verantwortlichkeit anzulasten ist als dem aufgewiegelten Mob, spiegelt der Jesus des Lukas durchgängig durch die harsche Kritik am Machtmissbrauch der Pharisäer und Sadduzäer. Zugleich aber ist Jesus der große Bildungspromotor der einfachen Leute: Wer Kräfte für Mobbing mobilisieren kann, ist potentiell auch fähig zum Netzwerken für gerechten Frieden ohne Sündenböcke. Für dieses Ziel braucht es Ausbildung. Die Galiläer hatte Jesus deshalb so drastisch vor den fatalen Folgen ihrer Pilatus-Ideologie gewarnt (Lk 13,1-9), weil er sie für fähig hält. Alle Menschen, auch ohne große Vorbildung, können Herzensbildung erwerben und weitergeben. Alle Menschen können Liebe, wenn sie lieben lernen wollen. Alle Menschen sind Erbsünder:innen, gewaltgefährdet. Niemand aber muss sündigen. Jesus glaubt im Namen des Vaters an den Bildungserfolg der Bekehrung: Scapegoating kann ein Ende haben!

Noch ist es nicht soweit, berichtet Lukas in Apg 8,1b-3 unter der Überschrift *„Die Verfolgung und Zerstreuung der Urgemeinde"*. Mit der Steinigung des Stephanus bricht Verfolgung und Inhaftierung los. *„Saulus aber versuchte die Kirche zu vernichten."* (Apg 8,3) Es bleibt beim Versuch. Die Steinigung hat zwar abschreckende Wirkung. Die Jesusbewegung wird zerstreut. Das Leadershipteam der Apostel aber bleibt zusammen (Apg 8,1b). Und auch die Breitenbewegung wird nicht zerschlagen. Damit berichtet Lukas, dass der Sündenbockmechanismus von Anfang an nicht richtig greift. Nach dem Willen der Obrigkeit hätte eine kurze Phase von Ruhe im Land einkehren sollen. Erfolg aus Sicht der Hohepriester hätte den ängstlichen Rückzug ins vorpfingstliche Haus bedeutet. Aus den Augen, aus dem Sinn! Hier schließt sich der Kreis zu Jesu Kritik an den Galiläern. Vielleicht sind ein paar dieser Galiläer in dieser Szene mit von der Partie? Lukas nämlich berichtet von folgendem Simultanereignis: Die Verfolgung bricht los und zugleich beugen sich fromme Männer nicht: Sie halten Totenklage für Stephanus, ein öffentlich sichtbarer Akt. Sie trauern und feiern die Liebe des Stephanus auf den Spuren Jesu. Eine solche Totenfeier setzt Lebensenergie frei. Entsprechend setzt der Folgeabschnitt mit dem Report ein: *„Die Gläubigen, die zerstreut worden waren, zogen umher und verkündeten das Wort."* (Apg 8,4) Damit aber ist der Ehrgeiz des Saulus erst recht geweckt, berichtet Lukas weiter.

Licht: Saulus wird zum Paulus (Apg 9,1-9)

Saulus begegnet Christus (Apg 9,1-9)
1 Saulus wütete noch immer mit Drohung und Mord gegen die Jünger des
Herrn. Er ging zum Hohepriester 2 und erbat sich von ihm Briefe an die
Synagogen in Damaskus, um die Anhänger des Weges Jesu, Männer und
Frauen, die er dort finde, zu fesseln und nach Jerusalem zu bringen. 3 Un-
terwegs aber, als er sich bereits Damaskus näherte, geschah es, dass ihn
plötzlich ein Licht vom Himmel umstrahlte. 4 Er stürzte zu Boden und
hörte, wie eine Stimme zu ihm sagte: Saul, Saul, warum verfolgst du
mich? 5 Er antwortete: Wer bist du, Herr? Dieser sagte: Ich bin Jesus, den
du verfolgst. 6 Steh auf und geh in die Stadt; dort wird dir gesagt werden,
was du tun sollst! 7 Die Männer aber, die mit ihm unterwegs waren, stan-
den sprachlos da; sie hörten zwar die Stimme, sahen aber niemanden. 8
Saulus erhob sich vom Boden. Obwohl seine Augen offen waren, sah er
nichts. Sie nahmen ihn bei der Hand und führten ihn nach Damaskus hi-
nein. 9 Und er war drei Tage blind und er aß nicht und trank nicht.

Kapitel 8 schildert die Missionserfolge der Apostel. Mit dem Bericht über die Taufe des Äthiopiers veröffentlicht Lukas die Initiationsbedingungen. Getauft wird auf eine neue Kultur der Macht: Gewalt gewaltfrei aus Liebe zu kontern ist höchste Souveränität in alter Tradition des Gottesknechtsliedes (Jes 53,7)! *„In der Erniedrigung wurde seine Verurteilung aufgehoben. Seine Nachkommen, wer wird von ihnen berichten?“* (Apg 8,33). Damit zeichnet Lukas das Zukunftsbild vom nachhaltigem Erfolg Friedensbewegter. Durch Gewaltverzicht werden sie stark. Diesen Verzicht unter Druck leben zu können, ist Gnade. Angesichts dieser Missionserfolge muss Saulus umso mehr wüten, schildern die Eingangsverse von Kapitel 9. Dann aber geht alles ganz schnell. Im Evangelium hatte Lukas geschildert, wie Satan blitzartig vom Himmel fällt (Lk 10, 18). Das Bild vom Blitzeinschlag steht für Zerstörung, für die vernichtende Entladung von Gewaltenergien und brennender Erde, für das satanische Prinzip von je immer neuer Gewaltaufladung. Das Phänomen der Bekehrung des Saulus sieht dem Gewaltszenario aufs erste ähnlich: Plötzlich strahlt ein Licht vom Himmel!, das Bild bezeugt kosmische Mächte. Licht aber ist kein Blitz, Strahlen kein Herabstürzen. Das himmlische Licht symbolisiert eine Macht mit Kraft zum Wandel, keine, die vernichtet. Licht blendet und stoppt den Religionskrieger auf dem Ritt zur nächsten Exekution (Apg 9,1-2). Das rechte Licht des Himmels holt ihn vom hohen Ross seiner vermeintlichen moralischen Höherwertigkeit. Lukas schildert den Kämpfer am Boden der Tatsachen, auf der Erde unter dem einen Himmel, dem Dach der Schöpfung. An diesem Ort erscheint Feindestötung plötzlich sinnlos als Gottesdienst. *„Saul, Saul, warum verfolgst Du mich?“* (Apg 9,4), ist die rhetorische Frage, die Lukas Jesus selbst vom Himmel her stellen lässt. Saulus wird beim Namen gerufen, tiefer angesprochen. Die Frage geht dem gewaltgerüsteten Krieger unter die Haut, trifft ihn als Gottes Geschöpf. Äußerlich geblendet, drei Tage blind, gehen Saulus die inneren Augen auf. Drei Tage fastet er (Apg 9,9). Er meditiert und lebt vom neuen Lebensmittel der Versöhnung. In der einen Schöpfung Gottes können Gewaltmittel, Religionskriege nur falsch sein. Religionssiege sind Unglaube. Fortan ist Paulus der Charismatiker für Völkerverständigung aus Gottergriffenheit: Unter einem Himmel, eine Welt aller Völker, das ist die Schöpfung im Werden. Alle Menschen in Wohlwollen zu vereinen, Stände und Religionsgruppen zu vernetzen, das ist sein neues Ziel und Aufgabe genug. Mehr Verhaltensregeln braucht es nicht, keine unnötigen Lasten, nicht Speisegesetze nicht Beschneidung (Apg 15,28). Regelgläubigkeit, für die Saulus eben noch gemordet hatte, stört die Mission für den Glauben an den Alternativherrscher, den Herrn Jesus Christus, der Menschen zum Dienen mit Rückgrat befreien will. Saulus, der Inquisitor, wird schlagartig gläubig. Binnen drei Tagen stellt er sein komplettes Programm um. Das kann nicht konfliktfrei sein. Es braucht, bis die Umwelt ihm Glauben schenken kann. Für die Jerusalemer Jesus-Bewegung tut Paulus nun zu wenig, was er früher zu viel getan hatte, nämlich wertzulegen auf verbindliche Regeln. Der Konflikt des Apostelkonzils ist vorprogrammiert (Apg 15).

Das Thema ‚Regeln und Freiheit im Glauben' nimmt Lukas immer wieder auf. Hier im letzten Abschnitt ein Blick auf den regelgläubigen älteren Bruder im Gleichnis vom *Barmherzigen Vater*. Als Typus steht der Ältere für alle Traditionalisten, die sich vor Wahllosigkeit fürchten. Damit sei ein zweiter Blick auf das Apostelkonzil gerichtet. Dort trifft Paulus auf Traditionalisten, deren Einwände er entkräften kann. Lukas stilisiert Paulus zum erfolgreichen Konsensmacher. Beide Szenen sollen unter der Bedingung der Feindesliebe verhandelt werden. Denn ohne Feindesliebe keine Versöhnung, kein Konsens, der Bestand haben kann, lautet die These.

Literatur: Angenendt, Arnold: Die Revolution des geistigen Opfers, Freiburg 2011. Arendt, Hannah: Eichmann in Jerusalem. Ein Bericht von der Banalität des Bösen, München 1964/2017. Arendt, Hannah: Ich will verstehen, München 2012. Dwyer, Philip: Violence. A Very Short Introduction, Oxford 2022. Girard, René: Evolution and Conversion, London/New York 2008. Girard, René: Ich sah den Satan vom Himmel fallen wie ein Blitz, München 1999. Green, Joel, Jesus' missional programme, in: Ders.: Discovering Luke, London 2021, S. 167-189. Kehl, Medard: Eschatologie, Würzburg 21988, S. 292-298. Kristjánsson, Kristján: Virtuous Emotions, Oxford 2018, S. 47-48. Miller, Alice: Die schwarze Pädagogik, in: Dies.: Am Anfang war Erziehung, Frankfurt/Main 1983, S. 17-112. Mishra, Pankaj: Zeitalter des Zorns. Eine Geschichte der Gegenwart, Frankfurt/Main 2017. Morsbach, Petra: Der Elefant im Zimmer. Über Missbrauch und Widerstand, München 2020. Naurath, Elisabeth: Kinder- und Jugendgewalt als Problem, in: Mit Gefühl gegen Gewalt, Neukirchen-Vluyn 22008; S. 1-30. Nussbaum, Martha: Die christlich-transaktionale Vergebung: Buchführung im inneren Bereich, in: Dies.: Zorn und Vergebung, Darmstadt 2017, S. 99-110. Nussbaum, Martha: Der poltische Bereich: Revolutionäre Gerechtigkeit, in: Dies: Zorn und Vergebung, Darmstadt 2017, S. 297-343. Palaver, Wolfgang: Satan als Inbegriff des mimetischen Zirkels, in: Ders.: René Girards Mimetische Theorie, Münster 2008, S. 322-329. Prinz, Alois: Hannah Arendt oder die Liebe der Welt, München 2013. Rosaldo, Renato: Ilongot Headhunting 1883-1974. A Study in Society and History, Stanford 1980. Sapolsky, Robert: Behave, London 2017. Watzlawick, Paul et al.: Menschliche Kommunikation, München 1974, S. 51. Wink, Walter: „Mächte identifizieren" und „Das Herrschaftssystem und die Gewalt", in: ders.: Die Verwandlung der Mächte. Regensburg 2014, S. 27-63.

3. *AGENDASEEDING:* FEINDESLIEBE FÜR AUFERSTEHUNG

Die Bibel hält nicht hinter dem Berg mit der bedrohlichen Tatsache des Bruderhasses: Kain erschlägt Abel (Gen 4,2-16). Nähe schafft Distanz. Geschwister sind Solidargemeinschaft *und* Konkurrenzbetrieb – mitunter auf Leben und Tod. Wütend, hitzig innig durch Hass verbunden, inszeniert auch Lukas die Figur des Älteren im Gleichnis vom *Verlorenen Sohn* oder vom *Barmherzigen Vater*. Das Gleichnis ist Sondergut. Keines der anderen Evangelien bringt diesen Stoff. Der Schlussszene besondere Aufmerksamkeit zu schenken, will die Rhetorik des Lukas unterlaufen.

Der ältere Bruder und der *Barmherzige Vater* (Lk 15,25-32)

Das Gleichnis vom barmherzigen Vater, Teil 2 (Lk 15,25-32)
25 Sein älterer Sohn aber war auf dem Feld. Als er heimging und in die
Nähe des Hauses kam, hörte er Musik und Tanz. 26 Da rief er einen der
Knechte und fragte, was das bedeuten solle. 27 Der Knecht antwortete
ihm: Dein Bruder ist gekommen und dein Vater hat das Mastkalb schlachten lassen, weil er ihn gesund wiederbekommen hat. 28 Da wurde er zor-
nig und wollte nicht hineingehen. Sein Vater aber kam heraus und redete
ihm gut zu. 29 Doch er erwiderte seinem Vater: Siehe, so viele Jahre schon
diene ich dir und nie habe ich dein Gebot übertreten; mir aber hast du nie einen Ziegenbock geschenkt, damit ich mit meinen Freunden ein Fest fei-
ern konnte. 30 Kaum aber ist der hier gekommen, dein Sohn, der dein Vermögen mit Dirnen durchgebracht hat, da hast du für ihn das Mastkalb ge-
schlachtet. 31 Der Vater antwortete ihm: Mein Kind, du bist immer bei mir
und alles, was mein ist, ist auch dein. 32 Aber man muss doch ein Fest feiern und sich freuen; denn dieser, dein Bruder, war tot und lebt wieder; er war verloren und ist wiedergefunden worden.

Im Bann der ersten Hälfte der Geschichte von jugendlichem Überschwang, Fall, Elend und demütiger Heimkehr des verlorenen Sohnes, kann man nur Mitleid haben mit der armselig missgünstigen Gestalt des älteren Bruders. Lukas will unser besseres Selbst rhetorisch durch das Mitgehen mit dem Jüngeren aktivieren: Ehrlich die eigenen Schwächen offenbarend und Besserung gelobend wie der Verschwender oder großzügig wie der überglückliche Vater über die Sanierung der Beziehung. Lukas setzt den Antihelden des Älteren zur Warnung dagegen. Die Leserschaft versteht und fühlt: Niemand soll so schlecht mit sich, mit anderen und Gott umgehen wie diese Gestalt. Worin aber besteht die Destruktivität? Die Entscheidung hier, nur die Story des Antihelden zu bringen, begründet sich aus der Empathie für unsere schlechteren Anteile. So sehr wir uns beim Lesen kopfschüttelnd über die Kleinmütigkeit von dieser Gestalt distanzieren, so nah ist sie uns existentiell, lautet die These. *Was will der Grimmige anderes als Gerechtigkeit? Wenigstes das Versprechen auf Wiedergutmachung, das der Heimkehrer dem Vater gibt, müsste an den Bruder gerichtet sein, sagt seine Wut über das Festtreiben. Oder wer hat die ganze Arbeit getan?* Man sehe sich selbst in Situationen, in denen man sich als engagiert und schmerzlich ohne Dank erlebt. Plötzlich ist uns die Wut ganz nah. Und, ist es überhaupt ethisch klug, sich über das Glück anderer zu freuen, das ignorant auf unserem Rücken ausgetragen wird? Ist es nicht eher geboten, in den Konflikt zu gehen? *Erst reinen Tisch, dann feiern!* Zudem spielt der Konflikt hier an zwei Fronten. Dass der Taugenichts ungeschoren davonkommt, ist schon ein Ärgernis. Aber kann ein Vater gut genannt werden, der Laissez-faire nicht nur toleriert, sondern feiert? Ist das nicht die Einladung zu falscher Selbstzufriedenheit und zur Wiederholungstat? Buchstabiert man die Opposition so aus, sieht man sich in einer imaginären Familienaufstellung vielleicht doch eher plötzlich mit am Rand beim Älteren, nicht mehr inmitten des Festtrubels. Was will uns Lukas über Gott und die Welt beibringen? Denn die Vaterfigur steht für Gott, die Brüder für Problemlösungsstrategien der Welt.

Die Moral des Lukas' lautet: Liebe ist nichts für Gerechtigkeitsfanatiker:innen. Gott, die Liebe, ist größer: Erst Beziehung, dann Beziehungsaushandlung! Es braucht Vertrauen in den Wunsch eines Übeltäters, sein besseres Selbst zu entfalten, gerade weil das Misstrauen berechtigt ist. Und ja, es wird nicht der letzte Fall von Wankelmut sein. Trotzdem rettet nur das Paradox. Vertrauen motiviert zu Fairness. Rückfälle nie ausgeschlossen. Wäre nicht tit-for-tat die sicherere Strategie?: *Gibst du mir, geb ich dir, Schritt für Schritt!* Auch *tit-for-tat* hat nur im Klima grundsätzlicher Beziehungswilligkeit die Chance auf Erfolg. Verhandlungen gelingen nur durch Vertrauensvorschuss. Vertrauen ist kein romantisches Gefühl, sondern die Entscheidung, einander durch emotionale Aversion hindurch eine reelle Chance zu geben. Die Einladung zu dieser Chance verlangt Disziplin. Erlebt werden diese Vertrauensübungen Enttäuschter im Modus der Angstbereitschaft. Diese Stressbereitschaft ermöglicht nach und nach das Erleben von Hoffnung, wenn sich Kompromisslinien tatsächlich ausbauen lassen. Das ist das Ereignis von Feindesliebe. Ist die Freude des Vaters über den Heimkehrer nicht Kitsch, Lukas' Erzählen übermenschliche Überhöhung? Gerade mit Menschen, die uns wichtig sind, können wir in schwere Konflikte und Beziehungsabbruch geraten. Der Zorn wäre nicht so groß, wäre nicht die Hoffnung auf Wertschätzung und Zuneigung tief enttäuscht. Der ältere Bruder aber scheint auf eine ganz besondere Beziehungsqualität aus zu sein: Keine Gnade! Er will nur sein Recht!?

Lukas schafft mit dem Älteren die Figur des spirituellen Betriebswirtschaftlers. Die Welt des Buchhalters besteht aus Auf- und Abrechnen. Freudlose Pflichterfüllung am Arbeitsplatz. Als Mann der Pflicht hat er keine Augen für die Fülle der Gratisressourcen: das grundsätzlich immer großzügige Wohlwollen des Vaters, auch nicht für seine volle Miteigentümerschaft am Hof. Alles ist überdeckt von den Härten der Feldarbeit. Das Wort des Vaters kommt von einem anderen Stern: *„Mein Kind, du bist immer bei mir, und alles, was mein ist, ist auch dein."* (Lk 15,31) In der Welt misstrauischer Berechnung klingt das nach Sonntagsrede, nach Ausrede! Hätte der Vater seinem Älteren gegenüber nicht mehr Wertschätzung kommunizieren müssen? Lukas' Plot sagt, es habe Wertschätzung „ohne Ende" gegeben. Denn der Vater steht für Gott, die Liebe selbst. Dann aber zeigt sich der Supergerechte als hochmütiger Ignorant. Er arbeitet beflissen, um sich ja nichts zu Schulden kommen zu lassen. Und er hält sich für unfehlbar. Damit aber wird offenbar, wie er die Wahrheit verfehlt: Arbeit dient dem Leben in Fülle mit Lust und Freude. Leben ist ein Wagnis, ein Glück im Vertrauen und ein Unglück im Verrat, sagt das Gleichnis. Den Verrat, den der Jüngere durch gekaufte Freunde erleiden muss, fügt sich der rigide Ältere selbst zu: Als Workaholic verrät er seine

Sehnsucht nach Leben, nach Begegnung und Beziehung. Arbeiten, um Recht zu haben, macht einsam. Ob der Ältere noch zum Fest kommt? Lukas lässt es offen. Damit sagt er, es ist unsere Entscheidung, großzügig und durchaus konfliktbereit mitzufeiern oder sich kleinlich abzukapseln im irrigen Selbstbild, unseren Wohlstand ganz allein erarbeitet zu haben. Wo wäre der Ältere, wäre er als Lohnsklave beim Schweinehirten groß geworden und nicht bei seinem Vater? Wo wären wir ohne die guten Rahmenbedingungen und die Menschen, die uns unterstützen? Wie also folgen wir dem Vorbild des Vaters?

Wie ist Beziehungsabbruch zu verhindern, wenn möglich? Übrigens, auch Trennungen können respektvoll vollzogen werden, als Abschiede mit Ziehsegen. Das lehrt die Szene der Versöhnung zwischen Esau und Jakob. Ein halbes Leben war der Erstgeburtsrechtsbetrüger Jakob durch Angst und schlechtes Gewissen an den Hass des betrogenen Esau gekettet. Beim Wiedersehen kann Esau auf Rache verzichten. Beide Brüder können sich Gutes wünschen. Aber sie halten Distanz und siedeln in unterschiedlichen Regionen. Sie wissen, ihr gemeinsames Trauma kann reaktiviert werden (Gen 33,1-20). Politische Versöhnungsprozesse wie z.B. die Wahrheitskommission in Südafrika zeigen, wie fragil frisch errungene Versöhnung ist und wie sehr Rückfälle drohen. Mandela war als selbst Traumatisierter nach fast 27 Jahren Haft in hohem Maß fähig, der Versöhnungsfreude Gestalt zu geben. Bei öffentlichen Anlässen lobte er mit echter Freude die Bemühungen seiner Gegner vor den eigenen, gerade weil er wusste, wie viel noch zu tun blieb. Die Sprache der Hoffnung bringt politischen Wandel. *Agendaseeding* der Hoffnung kann Auferstehung wirken. Der Körpertod Jesu muss nicht notwendig die Existenz erledigen. Wer diese Erfahrung teilt, fasst neu Mut. Mit diesem Wendepunkt setzt Lukas in der Apostelgeschichte ein: An Pfingsten merken die Jünger:innen, dass Ostern war! Sie wachsen über ihre Angst hinaus und gründen Gemeinden.

Davon erzählt Lukas bereits im Evangelium in Kapitel 15 mit seinem Sondergut. Die drei Gleichnisse dort feiern die Freude über erfolgreiches Suchen: Schaf, Drachme, Sohn. Die Freude übers Finden aber steht gemäß der Exegese Klaus Bergers für die Freude über alle neuen Heidenchrist:innen. Wie sehr dieser Zuwachs die Skepsis der Traditionalisten weckt, repräsentiere die Gestalt des älteren Bruders. Auch die Judenchristen seien tendenziell rigidere Arbeiter, auf ihrem Feld der Religion. Sie pochten auf rituelle Regelgerechtigkeit. Die Taufe allein erscheine ihnen als leichtfertig verbilligte Zugangsbedingung, soweit mit Berger. Exakt diesen Konflikt ruft das Apostelkonzil auf den Plan. Hier ein Blick darauf.

Paulus und Petrus, Konsens und Zwists (Apg 15,1-21)

Die Apostelversammlung in Jerusalem Apg 15,1-21
1 Es kamen einige Leute von Judäa herab und lehrten die Brüder: Wenn ihr
euch nicht nach dem Brauch des Mose beschneiden lasst, könnt ihr nicht
gerettet werden. 2 Da nun nicht geringer Zwist und Streit zwischen ihnen
und Paulus und Barnabas entstand, beschloss man, Paulus und Barnabas
und einige andere von ihnen sollten wegen dieser Streitfrage zu den Apos-
teln und den Ältesten nach Jerusalem hinaufgehen. 3 Die Gemeinde gab

ihnen das Weggeleit. Dann zogen sie durch Phönizien und Samarien; dabei
berichteten sie den Brüdern von der Bekehrung der Heiden und bereiteten
damit allen Brüdern große Freude. 4 Bei ihrer Ankunft in Jerusalem wur-
den sie von der Gemeinde und von den Aposteln und den Ältesten emp-
fangen. Sie erzählten alles, was Gott mit ihnen zusammen getan hatte. 5 Da
erhoben sich einige aus der Partei der Pharisäer, die gläubig geworden
waren, und sagten: Man muss sie beschneiden und von ihnen fordern, am
Gesetz des Mose festzuhalten. 6 Die Apostel und die Ältesten traten zu-
sammen, um die Frage zu prüfen. 7 Als ein heftiger Streit entstand, erhob
sich Petrus und sagte zu ihnen: Brüder, wie ihr wisst, hat Gott schon längst
hier bei euch die Entscheidung getroffen, dass die Heiden durch meinen
Mund das Wort des Evangeliums hören und zum Glauben gelangen sollen.
8 Und Gott, der die Herzen kennt, hat dies bestätigt, indem er ihnen ebenso
wie uns den Heiligen Geist gab. 9 Er machte keinerlei Unterschied zwi-
schen uns und ihnen; denn er hat ihre Herzen durch den Glauben gereinigt.
10 Warum stellt ihr also jetzt Gott auf die Probe und legt den Jüngern ein
Joch auf den Nacken, das weder unsere Väter noch wir tragen konnten?
11 Wir glauben im Gegenteil, durch die Gnade Jesu, des Herrn, gerettet zu
werden, auf die gleiche Weise wie jene. 12 Da schwieg die ganze Versamm-
lung. Und sie hörten Barnabas und Paulus zu, wie sie erzählten, welch
große Zeichen und Wunder Gott durch sie unter den Heiden getan hatte.
13 Als sie geendet hatten, nahm Jakobus das Wort und sagte: Brüder, hört
mich an! 14 Simon hat berichtet, dass Gott selbst zuerst darauf geschaut
hat, aus den Heiden ein Volk für seinen Namen zu gewinnen. 15 Damit
stimmen die Worte der Propheten überein, die geschrieben haben: 16 Da-
nach werde ich mich umwenden und die zerfallene Hütte Davids wieder
aufrichten; ich werde sie aus ihren Trümmern wieder aufrichten und werde
sie wiederherstellen, 17 damit die übrigen Menschen den Herrn suchen,
auch alle Völker, über denen mein Name ausgerufen ist - spricht der Herr,
der das ausführt, 18 was ihm seit Ewigkeit bekannt ist. 19 Darum halte ich
es für richtig, den Heiden, die sich zu Gott bekehren, keine Lasten aufzu-
bürden; 20 man weise sie nur an, Verunreinigung durch Götzenopferfleisch
und Unzucht zu meiden und weder Ersticktes noch Blut zu essen. 21 Denn
Mose hat seit alten Zeiten in jeder Stadt seine Verkünder, da er in den Sy-
nagogen an jedem Sabbat verlesen wird.

Es gibt Streit. Und Paulus ist prädestinierter Streitschlichter. Er vereint beide Positionen in sich. Er war Saulus, jetzt ist er Paulus. Als Saulus war er radikaler als die phärisäischen Christen hier am Konzil. Sie wollen nur den Beitritt der Heiden ohne Beschneidung und ohne Halten der Speisegesetze verhindern. Als Saulus hatte er diese Gruppe der Judenchristi:innen als Abtrünnige gejagt. Als Saulus versteht er ihre Sorge vor Verwässerung nur zu gut. Als Paulus aber ist er vom traditionellen Regelglauben bekehrt. Reiner Regelglaube ist Unglaube. Buchstabenglaube ist tot. Er gibt ängstlichen Menschen bonding, demarkiert, wer dazugehört, wer ausgeschlossen werden muss. Lebendiger Glaube aber verbindet: Ein Schöpfer, eine Welt! Beschneidung und Speisegesetze sind nicht heilsnotwendig! Heilsnotwendig ist, alle Menschen zusammenzubringen, die gewaltfrei leben wollen im Gottesdienstraum der Welt. Dafür lässt Lukas seine Paulusfigur in dieser Konzilsszene gleich erfolgreich argumentieren:

Gott selbst, so Paulus, hat durch den Glauben Herzen gereinigt (Apg 15,8). Herzensreinheit ist das global anschlussfähige Zugehörigkeitskriterium: Mitmenschlichkeit nach den 10 Geboten (Apg 15,20), jetzt neu, nach Gottes Plan: für die Heiden, alle Völker, für alle Welt! Auch ist es Gottes Plan, dass Paulus der Promotor des Projekts sein soll. Er ist ein Völkerapostel von Gottes Gnaden (Apg 15,7). Damit aber ist er in Wahrheit traditionstreuer als alle Traditionalisten des Konzils zusammen. Das lässt Lukas Paulus belegen mit seinem Rückgriff auf Amos mit dem Bild vom Wiederaufbau des Hauses David. Die Funktion dieses Herrscherhauses ist Dienst: *damit*

Menschen nach dem Herrn fragen. Und exakt diese Nachfrage ereignet sich nach Gottes Plan jetzt mit der Heidenmission des Paulus (Apg 15,16-17). Wirklich rechtschaffenes Judentum ist Glaubensweitergabe an alle Welt (vgl. Apg 15,14). Wenn das der Sinn ist, müssten keine zusätzlichen Lasten auferlegt werden. Zweimal lässt Lukas Paulus die These von den unnützen Regeln als Rahmung des Amos-Zitats bringen (Apg 15,10.19). Kultregeln schaden mehr, als sie nützen. Die Lebensregel vom Teilen und Heilen ohne soziale Unterschiede ist Glaube reinen Herzens. Die Mission dafür fordert alle Kräfte. Dass diese Mission aber derartig Erfolg hat, ist der Beweis wahrer Orthodoxie. In dieser Welt kommt der Schöpfungsschub nach Gottes Plan: *„Und Gott, der die Herzen kennt, hat dies bestätigt, indem er ihnen ebenso wie uns den Heiligen Geist gab. Er machte keinerlei Unterschied zwischen uns und ihnen; denn er hat ihre Herzen durch den Glauben gereinigt."* (Apg 15,8-9) Paulus hat gewonnen. Die Gegner schweigen (Apg 15,13). Sie sind überzeugt, will Lukas inszenieren. Vielleicht fühlen sich die Regeladvokaten nicht nur zu Toleranz verpflichtet, sondern sind erleichtert, wenn ihr Schweigen wirklich Zustimmung ist?: *„Warum stellt ihr also jetzt Gott auf die Probe und legt den Jüngern ein Joch auf den Nacken, das weder unsere Väter noch wir tragen konnten?"* (Apg 15,10). Manches Regelwerk entpuppt sich im Abwerfen tatsächlich als Selbstkasteiung und Tribut für Gruppenzugehörigkeit. Das Motto *‚Nur was weh tut, tut auch gut!'* ist das Gegenteil von kreativer Leidensbereitschaft für ein besseres Leben. Für ein nachhaltig gutes Leben nimmt man Frustrationen auf sich, um Druck zu verringern und gewaltfrei um gemeinsame Überzeugungen zu ringen.

Der Paulus des Apostelkonzils ist ein idealer Diskursethiker. Er holt seine Gegner:innen ab, nimmt sie ernst in ihrer Tradition. Damit erreicht er die Bereitschaft der Bewahrer, über sich selbst hinauszuwachsen. So kann Lukas im Folgeabschnitt mit dem Titel „Die Beschlüsse der Versammlung" (Apg 15,22-29) den Konsens aller Akteur:innen formulieren, zwischen den Streitparteien und Gott: *„Denn der Heilige Geist und wir haben beschlossen, euch keine weitere Last aufzuerlegen als diese notwendigen Dinge: Götzenopferfleisch, Blut, Ersticktes und Unzucht zu meiden."* (Apg 15,28-29) Alles ist erlaubt, nur nichts Kontraproduktives: Geschlachtetes steht hier für Magie, für den nutzlosen Versuch ritualisierter Gottesmanipulation. Der Segen Gottes aber wirkt in reinen Herzen. Auch nicht erlaubt ist der Seelen- und Beziehungszerstörer der Unzucht, Missbrauch aus sexualisierter Gewalt. Dass auch dieser ideal zustande gekommene Diskurs Nachwehen hat, davon berichtet Lukas nicht, obwohl er die Berichte der Paulusbriefe kennt. Lukas will für gute Kompromisse werben: Aufeinanderzugehen ist möglich und verändert die Welt. Das ist Lukas' Begriff von Kirche. Der Brief des Paulus an die Galater dokumentiert Rückfälle. Wer kennt das nicht: Zugestimmt haben, obwohl sich Zweifel regen?! Je nach Umfeld werden diese Zweifel stark. Entweder man hat Wichtiges tatsächlich zu früh aufgegeben oder aber es fehlt unter dem Druck der Mehrheit an Courage. Im Galaterbrief berichtet Paulus von Petrus, der unter Mehrheitsdruck der Judenchrist:innen hinter den Konzilsbeschluss zurückfällt und Heidenchrist:innen die Mahlgemeinschaft verweigert. Die alten Gewohnheiten sitzen tief. Paulus muss wiederholt für die Einhaltung des Konzilsbeschlusses streiten. In der Konfrontation erreicht er am Konzil einen einsichtigen Petrus, der im nächsten Moment doch wieder bereit ist, Heidenchrist:innen als Christi:innen zweiter Klasse zu behandeln (Gal 2,1-21). Der Kampf für die gemeinsame Wahrheit ist mühsam, nichts für Eilige: Paulus spricht von 14 Jahren (Gal 2,1), die zwischen dem Apostelkonzil und dem Tag liegen, an dem er Petrus mit seiner Ausgrenzungspolitik wortgewaltig konfrontiert: Petrus' Ritualismus ist Unglauben. Glaube ist Gnade, nicht Gesetzeshörigkeit. Gnade befähigt zur Christusnachfolge, zum Kreuztragen des Aggressionsverzichts zugunsten sozialer Integration. Der Ritualismus der Petrusfraktion schließt aus, beklagt Paulus im Brief an die Galater.

Lukas verliert kein Wort über die schwerwiegenden und langwierigen Dissonanzen hinter den Kulissen, in die der Galaterbrief etwa 40 Jahre vor Abfassung des lukanischen Doppelwerks Einblick gibt. Warum? Mit dem Reisebericht der Apostelgeschichte prognostiziert Lukas die gute Reise des Christentums, innerlich wie äußerlich. Dieser Erfolgsbericht soll Leser:innen aller Zeiten und Herkünfte zum Aufbruch motivieren: Transformation, gewaltfreie Innovation, Dilaog ist möglich, wenn wir aus unserem besseren Selbst heraus kooperieren. Auf dem Konzil überwindet der Petrus des Lukas seine inneren Widerstände angesichts der besseren Argumente des Paulus. Die Männer finden den Kompromiss. Diese Verlässlichkeit des Konsenses inszeniert der Diskursethiker Lukas mit seinem Konzilsbericht am Höhepunkt des Plots der Apostelgeschichte: Kapitel 15 ist die literarische Mitte des Reiseberichts und zugleich das normative Zentrum. Innere Transformation inspiriert äußere Transformation. Guter Geist kann zur Bewegung werden, auch heute. Die Konzilsbeschlüsse zeitigen nach Lukas umgehend Wirkung. Das Team des Paulus bekommt Verstärkung und ein Sendschreiben der Altvorderen. Die Jerusalemer Apostel geben der Heidenmission vollumfänglich ihren Segen (Apg 15,22-35).

Der Galaterbrief ergänzt das Kleingedruckte: Fehlerfreundlichkeit. Diese Tugend bezieht sich nicht auf Irrtümer, sondern auf moralisches Versagen. Fehlerfreundlichkeit ist Feindesliebe angesichts destruktiver Akte von Wiederholungstäter:innen. Fehlerfreundlichkeit erfordert Engelsgeduld. Lukas' Vorher-Nachher-Ideal zeigt sich im Paulusbrief mehr als durchwachsen. Konsensfindung ist ein zäher und durchaus fragiler Prozess. Transformation ist ein Wandlungsprozess mit Höhen und Tiefen. Ohne kontinuierlichen Diskurs bleibt Wandel leicht auf der Strecke. Nach der Reform ist vor der Reform. Die „Prozesskosten" für echten Wandel sind hoch, schildert Paulus. Gerade weil Petrus eine „Säule" ist, sein Wort und seine Taten Gewicht haben (Gal 2,9), verblendet er die Galater (Gal 3,1). Paulus wendet sich angefochten an die irritierten Galater: *„Habt ihr denn so Großes vergeblich erfahren? Wenn es denn vergeblich war! Warum gibt euch denn Gott den Geist und bewirkt Machttaten unter euch? Aus Werken des Gesetzes oder aus dem Hören der Glaubensbotschaft?"* (Gal 3,4-5).

Lukas erzählt für den Geist der Konsensfähigkeit, für die Kraft des besseren Arguments. Paulus' Streitschrift an die

Galater offenbart die Macht der Gewohnheit wider das bessere Argument. Die Leiden des Paulus bestehen in der Resilienz auf dem Weg zum gewaltfreien Diskurs. Gewaltfreie Kommunikation auf Dauer und im Ganzen auch gewaltfrei zu organisieren, ist die Kunst der geduldig Couragierten. Nicht immer sind Rückfälle gleich bösartig zu nennen. Vielleicht ist auch der Wankelmut des Petrus' ambivalent? Manche Kontraproduktivitäten geschehen aus Duckmäusertum. Andere aber ergeben sich aus Blindheit und Zeitmangel. Lukas und der Galaterbrief berichten von Paulus als überaus fortschrittlich liberalem Diskursmacher. Wohl wissend um die Wankelmütigkeit des Petrus schont ihn Lukas. Bewusst schildert er ihn als unmittelbar konsensfähig. Der gute Geist soll gewinnen und Menschen verbinden! Aber Lukas idealisiert auch Paulus als idealen Teamplayer! Die Selbstauskunft der Paulusbriefe bestätigen und dementieren: *„Es gibt nicht mehr Juden und Griechen, nicht Sklaven und Freie, nicht männlich und weiblich; denn ihr alle seid einer in Christus Jesus."* (Gal 3,28) Das ist die Lehre des Galaterbriefs. Paulus will glühender Advokat für Gleichheit sein. Ganz im Gegensatz dazu positioniert sich derselbe Paulus misogyn und als Befürworter prekärer Arbeitsverhältnisse. Aus heutiger Sicht menschenrechtswidrig verbietet Paulus den Frauen in der Gemeinde den Mund (1 Kor 11,1-16). Genauso schickt er den entlaufenen Sklaven Onesimus zurück zu seinem Herrn Philemon. Zwar bittet er den Herrn um Milde für den Heimkehrer. An strukturellen Wandel scheint Paulus nicht im Traum zu denken. Die an sich kluge diskursethische Begründung, nichts ohne Einwilligung Philemons getan haben zu wollen, ist faktisch Kollaboration mit dem Sklavenhalter Philemon

(Phil 1,14). Wieso diese Begründung? Ist sie Paulus' Endzeiterwartung geschuldet? Soll deshalb der Prozess persönlicher Bekehrung unbedingt Priorität haben vor Sozialreformen? Erst Herzenswandel, dann Strukturwandel? Dagegen reklamiert Paulus im Korintherbrief, reine Herzen zeigten sich an fairen Strukturen: Der Glaube an Tod und Auferstehung Christi wirke notwendig den Tod der Ständeabgrenzung und führe in die neue soziale Wirklichkeit der Mahlgemeinschaft aller Klassen (1 Kor 11,17-34). Oder liegen die Dinge ganz einfach: Ist Paulus trotz herausragender Transformationsfähigkeiten mit Blick auf Frauen und Sklaven ein blinder Erfüllungsgehilfe kultureller Selbstverständlichkeiten? Ist er damit entschuldigt, weil ihm zeitbedingt tatsächlich verborgen bleiben muss, wie sehr der Selbstwiderspruch klafft?

Literatur: Berger, Klaus: Kommentar zum Neuen Testament, Gütersloh 2011, S. 266-272, S. 468-470. Edenhofer, Annette: Die Schule der Feindesliebe, Innsbruck 2020, S. 207-236. Habermas, Jürgen: Das Urchristentum: Der verkündigende und der verkündigte Jesus, in: ders.: Auch eine Geschichte der Philosophie, Bd. 1, Berlin 2019, S. 481. Knauer, Peter: Handlungsnetze, books on demand (2002), S. 118-123. Nussbaum, Martha: Zorn und Vergebung, Darmstadt 2017, S. 115-119. Ratzinger, Josef: Jesus von Nazareth, Freiburg 2007, S. 93-160, 242-251. Wolfers, Melanie: Die Kraft des Vergebens, Freiburg 2013, S. 186-191.

IV. Minimalismus-Monitoring des 21. Jh.: Erschöpfte Ressourcen, Zeichen des Anfangs!?

Heute, zweitausend Jahre nach Lukas' Bericht, nach der Erklärung der Menschenrechte im Jahr 1948, sehen wir klarer, auch dass diese Rechte längst noch nicht verwirklicht sind: *Elefanten in unseren Zimmern!* In der Nachkriegszeit des 20 Jhs. wurde der Ungeist *blaming* und *shaming* kollektiv gebannt. Bis dahin litten Familien, Bildungseinrichtungen und politische Institutionen unter dem Klima der Angst vor Abstrafung, um Menschen gefügig zu halten. Heute widmet sich die Menschheit durchaus dem ernsten Versuch, von Siegstrategien, kollektiven Sündenbockjagden, „ethnische Säuberungen" zu Kooperationsstrategien zu konvertieren. Das Gewaltprofil unserer Tage vervollständigt sich auch mit Blick auf die halbherzige Umsetzung des Fähigkeitenansatzes nach Martha Nussbaum oder Amartya Sen: Nicht teilhaben zu können, ist Gewalt durch Exklusion. Misogynie und Kinder-/Arbeitssklaverei haben immer noch Konjunktur. Protektionszölle wehren legitime Fairnessansprüche der Staaten ab, für die der reiche Norden weit mehr spätkoloniale Wiedergutmachungsverantwortung übernehmen müsste. Das *Gender-Pay-Gap* innerhalb reicher Nationen klafft. Trotz dieser erschütternden Gewaltbilanz bewirkt die Erklärung der Menschenrechte dennoch die Gründung von Institutionen und neuen sozialen

Bewegungen, die die globale Vernetzung suchen, dafür Regeln und Anreize schaffen.

Kirchen haben mit ihren Friedenstraditionen eine unbedingt zukunftsfähige Menschenrechtsagenda für Inklusion: Nächsten- und Feindesliebe, global! Es ist auch die Agenda des Lukas und von *Laudato si*. Die Organisationsentwickler aber hinken hinterher, markieren die gravierenden Probleme mit geistlichem und sexualisiertem Missbrauch, religionsspezifischer Misogynie und intransparent organisierter Aufarbeitung von Konflikten. Gute Loyalität muss sich unbeliebt machen: Gemäß Papst Franziskus ist Klerikalismus als Immunisierungsstrategie zu kritisieren. Auch für die kirchliche Aufarbeitung von Missbrauch ist autoritäre Abschottung aufzubrechen, um rechtsstaatlichen Prinzipien wie der Gewaltenteilung zu folgen. Zu viele Leichen im Keller vergiften das Klima im ganzen Haus. Kirchenaustritte haben diverse Gründe, einer ist Ungastlichkeit. Die Achtlosigkeit den Leidenden gegenüber, die das System selbst produziert, paart sich in den Machtzentralen mit der Verwechselung von Machtsicherung mit der Bewahrung des Feuers. Ungastlichkeit aber ist gemäß der Systemtheorie immer Folge vom projektiven Umgang mit Problemen. Die Alphas eines Systems werden bedingungslos geschützt. Mitspieler:innen jenseits der Machtzentrale stehen unter Observanz. Am Rand der Macht wird exekutiert, was im Inneren verdrängt wird. Wenn Menschen in der katholischen Kirche durch Scheidung und Wiederverheiratung von der Eucharistie ausgeschlossen sind, handelt es sich um eine Theologie der Abstrafung. Menschen müssen Sündenbockfunktion übernehmen. Das System verstößt Störer, Unreine, um jene Echtheit zu retten, die es veruntreut. Eine Theologie von Schuld und Scheitern nach Lukas ist konfrontativ, sie weiß, Schuld gefährdet Beziehung. Versöhnung suchen und hoffentlich finden, aber kann nur, wer die Konflikte nicht vertuscht. Der im Mai 2022 aus der katholischen Kirche ausgetretene Generalvikar des Bistums Speyer, Andreas Sturm, tritt in die altkatholiche Kirche ein und hofft, rückblickend einmal sagen zu können, er sei zu früh gegangen. Aber die Vielzahl der über lange Zeit missbrauchten Menschen und die untätige Mitwisserschaft der Leitungsebenen habe ihn erschüttert. Die Kirche kranke an ihrer intransparenten Machthierarchie. Mangelnder Reformwille mache es ihm unmöglich, sein Amt weiterzuführen. Im Jahr 2021 sind knapp 360.000 Katholik:innen aus der Kirche ausgetreten, darunter viele Engagierte, viele Frauen. Was kann die katholische Kirche von ausgetretenen Frauen lernen? Der mutige Papst der Öko-Enzyklika ignoriert nach der Amazonas-Synode (Oktober 2019) die guten Argumente für eine dienstbare Weihetheologie und den Zugang zum Amt für Frauen. Die Sehnsucht des Papstes nach Erneuerung mag zu Beginn der Synode authentisch gewesen sein. Die strukturelle Innovation aber scheitert am Gewohnheitsrecht des Apparats. Die Wahrung der Einheit ist erkauft um einer Fortsetzung von Exklusion. In den Texten des Lukas finden sich Gegenargumente: für Inklusion!

Alle Beteiligten haben Verantwortung für Wandel. Ein gerecht balanciertes Urteil zur Gewichtung der Konfliktanteile ist anzustreben und selten zu erreichen. Und nicht alle Untaten sind gleich. Sie unterscheiden sich nach Ranghöhe in der Institution, Absichtlichkeit, nach Gewaltlevel, Schadensausmaß, auch in puncto Vertuschen. Auch Konfliktanteile variieren: Mal sind Anteile annähernd gleich verteilt; mal haben Menschen mehr auf dem Kerbholz, als ihnen bewusst ist oder sie zugeben wollen. Ein Drahtzieher kann eine ganze Gruppe in Schach halten. Die Opfer stehen unter dem Schock der Dominanzdynamik. Faktisch aber haben gerade die Zuschauer:innen weit mehr Macht, als ihnen bewusst ist. Das Magnificat des Lukas muss es heute auf die Hitlisten schaffen. Menschen haben eine Wahl: Wollen sie Unrecht Einhalt gebieten oder mitlaufen? Die Befähigung zur Zivilcourage muss deutlicher auf jede Bildungsagenda, darin sind sich die Forschungen zu Mobbing und zum politischen Populismus einig. Wandel kommt, aber selten aus Machtzentralen.

Wer zurecht ganz entrüstet ist, wie scheinheilig die Welt der Mächtigen ist, fange gemäß des Kommunikationstrainings nach Jesus bei sich an und trainiere dienende Macht. Dazu rät das Wort vom *‚Splitter und vom Balken‘* (Lk 6,36-38). *Scapegoat the scapegoaters!, Mobbt die Mobber!*, ist die Verführung. Gute Institutionen, faire Regelwerke, werden gepflegt durch die persönliche Bereitschaft, bei guten Fähigkeiten eigenen Inkonsistenzen auf die Spur zu kommen. Der Balken steht einerseits für demütiges Duckmäusertum, um heimisch bleiben zu können im eisernen Gehäuse der Hörigkeit. Andererseits steht es für lustvoll gespieltes und getarntes Abkanzeln von Gegner:innen im scheinbar rationalen Gewand. Kollaboration ist Gewalt, Bloßstellen auch! Unkritische Empathie ist das Gegenteil von Fehlerfreundlichkeit, Schärfe das Gegenteil von Klarheit. Fruchtbare Kritik empört sich über destruktives Handeln, aber will den Menschen hinter dem Systemagenten leben lassen. Kritik aber kommt immer ungebeten, überrascht und kränkt den narzisstischen Persönlichkeitsanteil bzw. geht gegen den Selbsterhaltungstrieb von Organisationen. Das eitel gekränkte (kollektive) Selbst holt aus zur Gegenwehr. Fremdkritik übend oder von Kritik betroffen, immer ist das Nadelöhr die Leidensbereitschaft. Kritik anzunehmen, verursacht Wachstumsschmerzen. Die gefährliche Alternative ist Abwehr. Wechselseitige Abwehr führt unweigerlich in Eskalation. Systeme aber sind qua definitione unbarmherzig: Aber sie haben Humanisierungspotenzial durch kritikfähige Akteur:innen im Inneren. Jesus will keine Kirche gründen. Lukas ist Zeitzeuge des Bruchs mit der Synagoge. Brüche sollten Kirchenleitungen heute zum überfälligen Systemwandel animieren, zum wechselseitigen Lernen, dazu, den Raum der Gewaltfreiheit neu zu bestimmen. Die Tür des Raums muss groß genug sein, um den Elefanten ins Freie zu führen: Systemisch Eingeengte brauchen Platz, Distanz, um der Proportion des Problems ansichtig werden zu können. Im Raum aber schafft der Auszug des Elefanten Platz für alle Menschen guten Willens, als Institutionsmitglieder oder als Dialogpartner:innen. Den Opfern aber gilt das Vorrecht der Einladung. Mit Betroffenen auf würdige Weise faire Sanierung auszuhandeln, ist das Mindeste. Nur an „eckigen Tischen“ begleitet von öffentlichem Interesse erfährt auch die Täterseite die nötige Konfrontation mit ihrem Machtmissbrauch und hoffentlich Bekehrung. Brauchbare Pläne sind da. Aufgelegt sind sie noch nicht.

Gott erscheint in Jesus selbst als *Servant Leader*, um uns zu *Servant Leaders* zu machen. Von diesem inspirierenden Kooperationsverhältnis handeln die Texte des Lukas. Sie zählen zur Literatur der Antike und entstammen zugleich der Zukunftswerkstatt Gottes. Setzen wir die Reise der Apostel:innen fort, von der Lukas berichtet. Dann kann der globale Dialog fruchtbar werden, zu dem die Enzyklika *Laudato Si* global einladen will. Manche Ressourcen sind demnächst erschöpft. Die Ressource konfliktfähigen Wohlwollens ist noch gar nicht richtig entdeckt!

Literatur: Göring-Eckhardt, Katrin: Mehr als ein Weckruf, sondern ein Kairos!, in: Papst Franzikus, Laudato Si, Freiburg 2015, S. 19-34. Kügler, Hermann: Streiten lernen. Von der Rivalität zur Kooperation, Würzburg 2012. Kühl, Stefan: Organisationen. Eine sehr kurze Einführung, Wiesbaden 2020. Loretan-Saladin, Franziska: Austritt aus der katholischen Kirche. Fünf Fragen an Doris Strahm, in: feinschwarz 26.02.2019. Metropolit Augustinos: Laudato si. Notizen eines ermutigten orthodoxen Bischofs, in: Papst Franziskus, Laudato si, Freiburg 2015, S. 35-46. Nussbaum, Martha: Fazit: Die Augen der Welt, in: Dies.: Zorn und Vergebung, Darmstadt 2017, S. 344-347. Nussbaum, Martha: Die Neue Religiöse Intoleranz. Auswege aus der Politik der Angst, Darmstadt 2014. Palaver, Wolfgang: Politische Implikationen der mimetischen Theorie, in: Ders.: René Girards Mimetische Theorie, Münster, 2003, S. 347- 372. Schrom, Bernhard: Ich trete aus, in: Publik-Forum (12/2022), S. 39.

„Einfach großzügig leben ...“ – Zeit- und religionsgeschichtliche Annäherungen an das lukanische Doppelwerk [Andreas Leinhäupl]

War Jesus der erste Minimalist ... und hat er gar eine Vision vom einfachen Leben propagiert? – schwer zu sagen, aus bibeltheologischer bzw. exegetischer Sicht jedenfalls müsste die Frage eigentlich anders lauten: Haben die Autoren der neutestamentlichen Texte Jesus von Nazaret und seine Botschaft als Referenzgröße für ein „einfaches“ Leben in ihrer Gemeinde interpretiert? Und wenn ja: warum war das für die jeweiligen Erzählgemeinschaften ein so wichtiger Ansatzpunkt? Und wie sieht dieser Zugang dann konkret aus? Ist ein solches „einfaches Leben“ identisch mit unseren heutigen Vorstellungen von „Minimalismus“ und/oder gar vergleichbar mit den im Franziskus-Prinzip aufgeführten Kategorien „Nachhaltigkeit“, „Minimalismus“, „Freundlichkeit“, „Fürsorge“ „Zuversicht“, „Spiritualität“? Im Blick auf die vielfältigen Ansätze im Neuen Testament wären einfache Antworten oder direkte Eins-zu-eins-Verweise sicher unredlich, man müsste die einzelnen Entwürfe individuell prüfen und abgleichen. Wir haben uns in diesem Büchlein dazu entschieden, einen konzentrierten Blick auf das lukanische Doppelwerk – also auf das Lukasevangelium und die Apostelgeschichte – zu werfen und der Frage nachzugehen, ob und wie und vor allem warum dieses große Literaturwerk eine Idee vom einfachen und gleichzeitig großzügigen Leben vermittelt.

Um es gleich zu Beginn auf den Punkt zu bringen: der exegetisch-bibelwissenschaftliche und zeit- und religionsgeschichtliche Zugang kommt insgesamt zu einer alternativen Antwort, die erst auf den zweiten Blick mit dem Franziskus-Prinzip vernetzbar ist. Zur Klärung dieses Zusammenhangs haben wir einen etwas längeren Anweg vor uns: Wir schauen zunächst auf den größeren zeit- und religionsgeschichtlichen Kontext um herauszustellen, an welchen Konzepten sich die neutestamentlichen Entwürfe und in unserem Fall insbesondere das lukanische Doppelwerk abarbeiten. Im zweiten Teil stellen wir heraus, welche Bedeutung diese „Zeitreise“ für das lukanische Doppelwerk hat und warum gerade dieses literarische Werk dazu prädestiniert ist, um auf die Ausgangsfrage erste Antworten zu generieren. Und schließlich prüfen wir den Gesamtbefund, indem wir zwei ausgewählte rote Fäden durch das Doppelwerk vorstellen: zum einen geht es um die Frage, wie man denn eigentlich in die Nachfolge des Jesus von Nazaret gelangt und dort auch langfristig bleibt; und zum anderen steigen wir in das Thema „Gemeinsam Essen“ ein, mithilfe dessen durch das gesamte Doppelwerk hindurch das Konzept vom einfachen und doch großzügigen Leben konfiguriert wird.

Literatur: Stefan von Kempis (Hg.): Das Franziskus-Prinzip. Die Vision des Papstes vom einfachen Leben, Stuttgart 2021.

I. Was Alexander der Große und die Römer mit dem jesuanischen Minimalismus zu tun haben – Der zeit- und religionsgeschichtliche Hintergrund

1. DAS HELLENISTISCHE BILDUNGSKONZEPT ALS AUSGANGSLAGE

Auf den ersten Blick scheint sich die Frage, was denn Alexander der Große mit Jesus von Nazaret und darüber hinaus mit den Erzählgemeinschaften der neutestamentlichen Texte zu tun hat, als Anachronismus zu erweisen. Erst beim zweiten Hinsehen wird klar, dass mit der Eroberung Syriens/Palästinas durch Alexander im Jahr 322 v.Chr. eine Epoche anbricht, die das Judentum jener Zeit maßgeblich beeinflusst hat. Entscheidend dabei ist zunächst der durchaus positive Effekt, dass die Eingliederung der unterworfenen Gebiete – und damit auch der judäischen Tempelprovinz – in das griechische Weltreich durch die Beibehaltung des autonomen Status der unterworfenen Völker und in diesem Sinne auch mit dem Recht der Juden, als eigenständige Religionsgemeinschaft gelten zu dürfen, verbunden war. Mit der Übernahme der Macht nach dem Tode Alexanders im Jahr 323 v.Chr. durch dessen Nachfolger (die sogenannten Diadochen) gestaltet sich die Situation dann jedoch zumindest ambivalent: Zwar bleibt der teilautonome Status innerhalb des zentralistischen Verwaltungssystems bestehen, das multikulturelle System stößt allerdings mehr und mehr an seine Grenzen. In einem fast unüberschaubaren Wust von Thronrivalitäten, Amtserschleichungen, ungeklärten Besitzansprüchen, Verschwörungen und Ermordungen, als deren zwischenzeitlich negativer Höhepunkt zweifelsohne die Krise unter Antiochus IV. Epiphanes 169 v.Chr. zu kennzeichnen ist, verliert der Hellenismus allmählich seine Funktion als organisatorische Synthese eines Konglomerates unterschiedlicher Kulturen und damit sein eigentliches Anliegen, als Kolonialmacht globalisierende Strukturen zu schaffen.

2. JÜDISCHE ANTWORTEN AUF DEN HELLENISMUS

Dieses globale Denken äußert sich v.a. in einem ausgeklügelten Bildungssystem, das gleichzeitig die inneren Koordinaten der politischen Konsistenz des Hellenismus festlegt: Die Idee der Griechen besteht darin, dass ein Mensch zum Vollbürger wird aufgrund seiner Bildung. Auf eine solche Spielart war die jüdische Bevölkerung in keiner Weise eingestellt, galt doch bisher das Prinzip, dass die gesellschaftliche Rolle eines Menschen über die familiäre Herkunft bzw. über die Zugehörigkeit zum Gottesvolk bestimmt wurde. Die Reaktion des Frühjudentums auf diese ungewohnte Neuorganisation musste sich an der Frage messen lassen, ob die eigene Identität als Gottesvolk aufrecht zu erhalten war. Und gerade durch den Ansatzpunkt auf der Ebene von Bildung und Wissen gelingt eben diese Reaktivierung kultureller Identität durch zwei unterschiedliche Modelle:

Die Antwort der *Tora-Weisheit* schafft eine Synthese von weisheitlicher Grundüberzeugung und der konsequenten Bestimmung des Lebens durch die Tora. Die fünf Bücher Mose fungieren dabei als Grundlage für das Leben und werden durch die konkreten Anweisungen zur fundamentalen Maßgabe für die Lebensweise des Volkes. Bildung und Erziehung spielen in diesem Entwurf eine entscheidende Rolle: Die Tora bietet eine unerschöpfliche Quelle an Wissensbeständen, die dem hellenistischen Modell durchaus gewachsen sind. Das Studium der Tora wird Mittelpunkt des Lehr- und Lernsystems, als dessen sich neu strukturierende Institutionen der Schriftgelehrten sowie die Synagoge an Gewicht gewinnen. Lernen heißt in diesem Zusammenhang, ein Leben als Jude und als Jüdin im vollen Sinn des Wortes zu leben. Als klassischer Text dieser Antwort auf den Hellenismus gilt Sir 24.

Ein ganz anderes Wissenskonzept legt demgegenüber die *apokalyptische Weisheit* vor: Wie grundlegend im Buch Daniel, aber auch in anderen frühjüdisch-apokalyptischen Schriften (vgl. z.B. das äthiopische Hennoch-Buch) nachweisbar ist, handelt es sich bei diesem Programm um die Reflexion über das rettende Eingreifen Gottes in Bezug auf die toratreuen Gerechten in einer sich als Chaos gestaltenden Welt der Ungerechtigkeit. Das dahinter stehende Weltbild zeichnet sich aus durch den Verfall der Geschichte und durch das unaufhaltsame Zulaufen derselben auf einen sich als Katastrophe ereignenden Äonenwechsel (vgl. Dan 2). Innerhalb solcher Koordinaten versteht sich das apokalyptisch-weisheitliche Wissen als exklusives Medium, die endzeitlichen Ereignisse zu überstehen und in einer ungerechten Welt den eigenen Ort zu finden. Auf diese Weise bietet auch diese Antwort auf den Hellenismus eine Art Bildungskonzept, indem sie gerade durch ihre tragische Dimension ein Wissen bereitstellt, das für eine ausgewählte Gruppe identitätsstiftende Überlebensstrategien anbietet. Diese Bildungsstrategie hat keine eigene Lehr- und Lerninstitutionen, denn das Offenbarungswissen im apokalyptischen Sinn ist nicht erarbeitetes Wissen, sondern göttliches Geschenk und zielt auf die Einsicht in die verborgenen Geheimnisse der göttlichen Pläne für die Geschichte der Welt. Die „Bildungs"-Strategie besteht im gemeinsamen Wissen einer marginalisierten Gruppe, das sich durch die Radikalisierung des Weisheitsdenkens und die Hoffnung auf den baldigen Eingriff Gottes zur Beendigung der Unheilsgeschichte auszeichnet. Als klassischer Text für diese Denkrichtung darf äthHen 42 gelten: „Die Weisheit ging aus, um unter den Menschenkindern zu wohnen, und sie fand keine Wohnung. Die Weisheit kehrte an ihren Ort zurück und fand ihre Wohnung unter den Engeln" (äthHen 42,2). Wir werden weiter unten sehen, wie die neutestamentlichen Texte – und in diesem Sinne auch das lukanische Doppelwerk – diese Konzeption weisheitlichen Denkens adaptieren.

3. MIT DEN RÖMERN IN DIE KATASTROPHE

In die oben angedeutete verfahrene Situation der Machtspiele innerhalb der hasmonäischen Dynastie tritt Rom gewissermaßen als vermittelnde Instanz ein und erlangt durch seine strategisch und diplomatisch offensichtlich hervorragend agierenden Führungskräfte mehr und mehr an Einfluss auf die politischen Konstruktionen in Syrien und Galiläa. Allerdings zeichnet sich auch hier bald eine ambivalente Tendenz ab: Die politischen Agitationen innerhalb des römischen Reiches beispielsweise zwischen Caesar und Pompeius oder zwischen Cassius und Antonius hatten Einfluss auf die Situation in Judäa, indem nämlich die Herrscher auf der einen Seite durch die Neuregelung des römisch-judäischen Verhältnisses durchaus auf das Beibehalten der bekannten Privilegien, also auf die teilautonome Verwaltung der Gebiete setzten, gleichzeitig allerdings Judäa zum Spielball der widerstreitenden politischen Interessen in Rom machten. Die Eskalation nimmt definitiv ihren Lauf mit der Machtübernahme Herodes des Großen im Jahr 37 v.Chr. Er führt – neben den heute noch allenthalben unübersehbaren architektonischen Leistungen – ein konsequent auf den eigenen Machterhalt ausgerichtetes Regime, das sich durch brutale Unterdrückungsmethoden sowie durch die vorbehaltlose Ausschaltung politischer Gegner auszeichnete. Die Perspektive des jüdischen Volkes ist schnell beschrieben: Herodes regiert im Stile eines hellenistischen Königs, Gottes Handeln in der Geschichte wurde abgelöst durch die Macht Roms und die Vorstellung vom rettenden Eingreifen Gottes oder gar vom Anbruch der Gottesherrschaft erhielt einen deutlich futurischen Charakter. Die Entwicklung der historischen Situation unter den Nachfolgern des Herodes verläuft ganz parallel zu den oben beschriebenen Tendenzen unter den Nachfolgern Alexanders des Großen. Die Besatzermacht geht dazu über, in sämtlich messianisch angehauchten, d.h. das Programm auf die endzeitliche Errichtung des Gottesreiches ausgerichteten Gruppierungen staatsfeindliche Tendenzen zu sehen und von daher entsprechende Maßnahmen gegen diese einzuleiten. Die Situation des jüdischen Volkes unter der Herrschaft der Römer bewegt sich in kompromissloser Stringenz auf die Katastrophe zu, die sich dann maßgeblich im jüdischen Krieg (66-70/74) manifestiert.

4. VON WANDERPREDIGERN UND SESSHAFTEN SYMPATHISANTEN: DAS URCHRISTENTUM IN SEINEM FRÜHJÜDISCHEN KONTEXT

Der beschriebene Zeitraum ist in Bezug auf das Judentum gekennzeichnet von dem durchgängigen Phänomen der Krise und den immer neu ansetzenden Versuchen, innerhalb dieser Situationen Identitätsstrukturen zu retten bzw. neu zu gestalten. Politische, kulturelle und religiöse Einflüsse stellen das Judentum vor massive Herausforderungen und als Reaktion – schon auf das hellenistische Bildungs- und Besatzungssystem – entstehen verschiedene religiöse Gruppierungen (Pharisäer, Sadduzäer, Zeloten, Sikarier, Essener), die jeweils ihre eigenen Antworten entwickeln. In diese Stimmung hinein entstehen die neutestamentlichen Texte, und zwar eben als Teilaspekt jüdischen Denkens und Glaubens.

In ihrer je spezifischen Art und Weise entwickeln sie Überlebensstrategien für marginalisierte Gruppen und schöpfen dabei aus den Entwicklungslinien des Frühjudentums in der Auseinandersetzung mit dem Hellenismus und der römischen Herrschaft.

Johannes der Täufer als Scharnierfigur

Was die neutestamentliche Textwelt angeht, kommt inhaltlich an dieser Stelle v.a. die Bewegung des Täufers Johannes in den Blick, die eine nicht zu unterschätzende Rolle spielt, indem sie nämlich als ein solches Reaktionsmodell fungiert: Der Auftritt des Täufers ist einzuordnen in eine oppositionswelle, die sich seit den 20er Jahren des ersten Jahrhunderts entfaltet. Und die sich explizit gegen die herodianischen Herrscher wendet. Seine heilsgeschichtlich relevante Funktion erschließt sich im Blick auf den textlichen Befund neben der Darstellung seiner Geburt und des familiären Hintergrundes, wie sie im Lukasevangelium im 1. Kapitel vorgestellt wird, durch zwei Aspekte: (a) Die Taufe selbst dient als Reinigungsritus und fungiert – in ihrer Einmaligkeit übrigens deutlich zu unterscheiden von den sich ständig wiederholenden Reinigungsvorgängen der Qumran Essener – als Element der Umkehr zur Vergebung der Sünden (Lk 3,3). Die Taufe mit Wasser ist damit klar theologisch ausgerichtet: die einmalige Umkehr rettet vor dem Zorngericht Gottes. Und befähigt zur Teilhabe, an der eschatologischen Heilszeit (vgl. Lk 3,15-18). (b) Eng damit verbunden und ebenfalls mit deutlich zeitlicher Perspektive ist die Predigt des Täufers: Neben dem apokalyptischen Blick auf das bevorstehende Gericht und auf das anbrechende Gottesreich fokussiert die Predigt auf den vom Täufer Angekündigten, den Stärkeren, dessen er nicht wert ist, die Schuhriemen aufzuschnüren, der mit heiligem Geist und mit Feuer taufen wird (vgl. Lk 3,16). Diese radikalisierte Predigtform (vgl. die weiterführenden Aussagen in Lk 3,9: „*Schon ist die Axt an die Wurzel der Bäume gelegt; jeder Baum, der keine gute Frucht hervorbringt, wird umgehauen und ins Feuer geworfen*") ist angelehnt an ersttestamentliche, bzw. frühjüdisch-apokalyptische Konzepte und stellt den Auftritt des Täufers Johannes und seine Funktion damit in einen großen heilsgeschichtlichen Spannungsbogen.

Die Taufe Jesu als grundlegender Übergangsritus

Dass sich Jesus von Nazaret eben dieser Taufe des Johannes unterzieht, zeigt die konkrete Beziehung Jesu zum Täufer: durch die direkte Bezugnahme auf den Täufer und dessen Funktion erhält der Auftritt Jesu die theologische Dimension des endzeitlichen Gerichts auf der Grundlage des von Johannes vorgetragenen Umkehrgedankens. Aus der eschatologischen Umkehrbewegung des Täufers heraus entsteht die charismatisches Karriere Jesu. Während der Begegnung mit Johannes wird Jesus als Sohn Gottes ausgewiesen. Und seine außergewöhnliche Rolle erhält ihre göttliche Legitimierung durch die aus dem Himmel ertönende und ihn identifizierende Stimme sowie durch den auf ihn herabkommenden Geist (Lk 3,21f.). Indem sich der Geist in Form einer Taube auf ihn niederlässt, wird Jesus zur irdischen Realisierung der sichtbar und greifbar werdenden Weisheit Gottes. Der Weg

Jesu ist damit klar abgesteckt: In dem als Chaos definierbaren Kosmos, also in der von der Krise heimgesuchten Welt der Menschen ist es ihm darum zu tun, die mit seinem Kommen angebrochene Gottesherrschaft zu realisieren. Und genau hierin liegt auch die Diskrepanz zum Täufer: während Johannes seine Umkehrpredigt als zukünftige Utopie arrangiert, manifestiert sich in Jesus von Nazaret die endgültige Anwesenheit Gottes und damit der Beginn der eschatologischen Rettung für sein Volk. Allerdings – und das sei an dieser Stelle mit Nachdruck betont – geht es dabei nicht um die allzu oft beschworene Auseinandersetzung mit dem Judentum und die daraus ableitbare Abgrenzung gegen dasselbe als Kollektiv, sondern es geht um die Konfrontation mit den Strukturen innerhalb der Welt, die das Zustandekommen der Gottesherrschaft verhindern. Das identitätsstiftende Moment der Zugehörigkeit zur einen oder zur anderen Seite ist markiert durch die Beziehung zu Jesus von Nazaret. Nur wer sich durch das Wissen auszeichnet, dass sich in der Person Jesu die endgültige Offenbarung Gottes bei seinem Volk ereignet, wird an der bevorstehenden Heilszeit partizipieren können.

Die Jesusbewegung als Ankerpunkt und Perspektive

Gerd Theißen hat vor vielen Jahren das gewinnbringende Konzept der „Soziologie der Jesusbewegung" entwickelt und dabei v.a. auf die prozesshafte, dynamische und aufeinander bezogene Entwicklung der beiden Größen „Wandercharismatiker" und „sesshafte Sympathisanten in den Ortsgemeinden" hingewiesen.

Die Rolle der Wandercharismatiker zeigt sich darin, dass sich Apostel, Propheten und Jünger, später noch intensiver die heimatlosen und umhervagabundierenden Charismatiker, die organisatorisch zunächst im Rahmen des Judentums bleiben, von Ort zu Ort bewegen und durch Berufung in die Bewegung integriert werden. Die Wandercharismatiker bilden den sozialen Hintergrund der Jesusbewegung und damit schlussendlich auch für die neutestamentliche Überlieferung, wie wir sie etwa im lukanischen Doppelwerk vorfinden. Theißen weist für diese Gruppe vier besondere Verhaltensweisen, bzw. ethische Normen auf: die *Heimatlosigkeit*, also die Aufgabe von Haus und Hof, die oft mit Abweisung und/oder Verfolgung einhergeht (vgl. Apg 8,1); die *Familienlosigkeit*, den Bruch mit der eigenen Familie, der bis zur Pietätlosigkeit gehen kann (vgl. Lk 14,26: „Wenn jemand zu mir kommt und nicht Vater und Mutter, Frau und Kinder, ja sogar sein Leben gering achtet, dann kann er nicht mein Jünger sein"); die *Besitzlosigkeit*, also die Kritik an Reichtum und Besitz (vgl. Lk 9,1-6 siehe unten ausführlicher, oder Lk 16,13: „Kein Sklave kann zwei Herren dienen; er wird entweder den einen hassen und den anderen lieben oder er wird zu dem einen halten und den anderen verachten. Ihr könnt nicht Gott dienen und dem Mammon"); die *Schutzlosigkeit*, bei der es darum geht, bewusst auf Recht und Schutz zu verzichten. Dieser Verzicht wird auch gegenüber Behörden und Gerichten ausgeübt (vgl. Lk 21,19: „Wenn ihr standhaft bleibt, werdet ihr das Leben gewinnen"). Insgesamt lebt die Gruppe der Wandercharismatiker unter sehr marginalen Lebensbedingungen, ist darauf aus, die alltäglichen Bindungen der Welt hinter sich zu lassen und sich einen ethischen Radikalismus auf die Fahne zu schreiben.

Für die Gruppe der Sympathisanten in den Ortsgemeinden, also für solche Verbünde, die aus sympathisierenden Familien oder aus kleinen Interessierten-Gruppierungen in privaten Häusern zusammenfanden (vgl. hier nur Lk 10ff: Maria und Marta), nennt Theißen drei besondere Merkmale: Eine neu entstehende Form der *Verhaltensregulierung*, die aufgrund von Auswirkungen von Beruf, Familie und Nachbarschaft notwendig waren und ein eher gemäßigtes Ethos verlangten als das der Wandercahrismatiker; eine wachsende Herausforderung an *Autoritätsstrukturen*, v.a. bei langsam aber sicher größer werdenden Ortsgemeinden, die natürlich auch wieder in Konkurrenz zu den Wandercharismatiker steht und nicht ohne Konfliktpotential bleibt; und schließlich die Konzipierung von *Aufnahme- und Ausschlussverfahren*, in deren Mittelpunkt übrigens die Taufe als institutionalisierbares Kriterium steht (vgl. die Ausführungen weiter oben). Insgesamt zeigt sich, dass die sesshaften Sympathisanten in einem komplementären Verhältnis zu den Wandercharismatikern stehen: die Radikalität der Letztgenannten ist nur aufgrund der Basis der Ortsgemeinden möglich, die Ortsgemeinden wiederum gewinnen durch die innovativen Ethikansätze der Charismatiker, die die wachsenden Gemeindestrukturen von ihrer Umwelt absetzen. Oder wie Jörg Lauster pointiert formuliert: „Aus einem versprengtem Haufen resignierter und eingeschüchterter Anhänger eines hingerichteten Endzeitpropheten wurde eine organisierte Gemeinschaft, die schließlich das römische Imperium und damit die Welt tiefgreifend veränderte“ (Lauster, Verzauberung, s.u.).

Auswirkungen auf die Entwicklung des Urchristentums ... und für die neutestamentlichen Texte

Die Jesusnachfolge lässt sich (z.B. in Anlehnung an Stegemann und Stegemann) grob in drei Phasen aufteilen, die sowohl in historischer als auch in soziologischer Hinsicht ihr jeweils eigenes Profil aufweisen. (1) Die eigentliche Jesusbewegung, die sich nach dem Zeugnis der Evangelien-Texte als historisch mit Jesus verbundene Gruppe ausweisen lässt und in den Texten oft über den Zugehörigkeitsbegriff, „die Jünger" qualifiziert wird. (2) Die nach dem Tod entstandene Jerusalemer Urgemeinde beziehungsweise die von Paulus angeführten Gemeinden Judäas. Die sich deutlich von den Gemeinden der Völker unterscheiden. (3) Die messianischen Gemeinden nach 70 n.Chr., die sich in solchen Lesegemeinschaften widerspiegeln, welche ihre Identität über Texte wie zum Beispiel das Lukasevangelium reflektieren. Die dahinterstehende Logik liegt auf der Hand: die neutestamentlichen Texte reflektieren die Situation einer bestimmten Gruppe auf der Folie der Geschichte des Jesus von Nazaret. In den Darstellungen der Texte selbst kommt es damit auf unterschiedlichen Zeitniveaus zu einer Verknüpfung des historischen Wirkens Jesu mit der Wirklichkeit der jeweiligen Sicht über dem Text verständigen Erzählgemeinschaft. Wenn also beispielsweise das lukanische Doppelwerk sein eigenes Bild der Jesusbewegung entwirft, dann integriert es die Erfahrungen einer Gemeinde unter deren speziellen situativen Rahmenbedingungen und Fragestellungen. Als übergeordneter Zusammenhang lässt sich die Verwurzelung in der frühjüdischen Tradition benennen, d.h. die oben hergeleitete geschichtliche, politische und religiöse Entwicklung des Judentums bildet die Basis für diese Texte.

Die inhaltliche und hermeneutische Spitze dieser Entwicklung im Urchristentum lässt sich tatsächlich als Auseinandersetzung mit den vorgestellten zeitgeschichtlichen Prozessen – namentlich v.a. mit dem hellenistischen Bildungskonzept – sowie als Fortführung der Errungenschaften des Frühjudentums in der Auseinandersetzung mit eben dieser Umwelt beschreiben, und zwar als Fortführung unter eigenen, innovativen und zukunftsorientierten Vorzeichen: „Taufe" als Initiationsritus und „Glaube" als rettendes, auf Grund von Offenbarung gegebenes, Wissen sind die Grundpfeiler der Jesusbewegung und des sich daraus entwickelnden Urchristentums. Diese beiden „Zugangskriterien" ermöglichen im Unterschied etwa zur Beschneidung den Zugang zu einer *nicht ethnisch definierten* Gemeinschaft und bilden auf diese Weise die Grundlage einer eigenen kulturellen Identität. Dieses Konzept wird in den neutestamentlichen Theologieentwürfen literarisch häufig mit der verwandtschaftlichen Beziehung zur Gründerfigur Jesus von Nazaret zum Ausdruck gebracht. Wahre Verwandtschaft ist ab jetzt eben nicht mehr ethnisch-familiär definiert, sondern als Zugehörigkeit zu einer „neuen", nicht-ethnischen Familie: *„Es kamen aber seine Mutter und seine Brüder zu ihm; sie konnten aber wegen der vielen Leute nicht zu ihm gelangen. Da sagte man ihm: Deine Mutter und deine Brüder stehen draußen und möchten dich sehen. Er erwiderte ihnen: Meine Mutter und meine Brüder sind die, die das Wort Gottes hören und tun"* (Lk 8,19-21). Mit diesem Konzept steht das Urchristentum in der Tradition der weiter oben vorgestellten apokalyptischen Weisheit und entwickelt sie gleichermaßen weiter. Die nicht-ethnisch definierte Gemeinschaft gründet ihre Identität auf Offenbarungswissen, das im urchristlichen Sinne schon als rettendes Eingreifen Gottes in die Geschichte verstanden wird. Innerhalb der eigenen Gruppe wird dieses Wissen in der Zeit zwischen Stiftung/Gründung und Vollendung bewahrt und äußert sich konkret in einer neuen sozialen Beziehungswelt … oder im Sinne unserer Ausgangsfrage formuliert: im Format eines einfachen und zugleich großzügigen Lebens! In den folgenden zwei Kapiteln soll gezeigt werden, wie das alles im lukanischen Doppelwerk umgesetzt wird.

Literatur: Eckehard W. Stegemann / Wolfgang Stegemann: Urchristliche Sozialgeschichte. Die Anfänge im Judentum und die Christengemeinden in der mediterranen Welt, Stuttgart u.a. 1995. Gerd Theißen: Soziologie der Jesusbewegung. Ein Beitrag zur Entstehung des Urchristentums, München 1981. Klaus Wengst: Wie das Christentum entstand. Eine Geschichte mit Brüchen im 1. Und 2. Jahrhundert, Gütersloh 2021, Karl Löning: Das Frühjudentum als religionsgeschichtlicher Kontext des Neuen Testaments, in: Hubert Frankemölle (Hg.): Lebendige Welt Jesu und des Neuen Testaments, Freiburg 2000, S. 48-68. Hartmut Leppin: Die frühen Christen. Von den Anfängen bis Konstatin, München 2018.

II. Gott oder der Mammon – Warum gerade Lukas?

1. ZWEI BÜCHER – EINE STRATEGIE

Die enge Verbindung zwischen Lukasevangelium und Apostelgeschichte gehört sicher zu den größeren Einverständnissen der bibeltheologischen Zunft und lässt sich sowohl literarisch, als auch inhaltlich-theologisch begründen. Das lukanische Doppelwerk entsteht in der dritten urchristlichen Generation, greift auf die vorangehend beschriebenen Traditionskomponenten zurück und bietet sowohl im Rückblick auf die Jesusgeschichte als auch in der Perspektivbildung des entstehenden Christentums eine identitätsstiftende Struktur im Sinne eines kollektiven Gedächtnisses. Der Autor schafft für seine Generation, bzw. für seine spezifische Erzählgemeinschaft einen Gesamtentwurf, dessen innerstes Anliegen darin besteht, mit Geschichten Geschichte zu erzählen. Blicken wir auf die beiden Bücher, so fallen zwei Schwerpunkte auf: während das Lukasevangelium das Wirken Jesu darstellt, konzentriert sich die Apostelgeschichte auf das Wirken seiner Nachfolger. Im Mittelpunkt des Interesses steht die endzeitliche Wiederherstellung der Gottesherrschaft in Israel. Das lukanische Geschichtswerk beschreibt in festgelegten zeitlichen Strukturen die Heilsgeschichte als lineare Entwicklung, die sich als Dialog zwischen Gott und Mensch ereignet.

Was heißt das konkret? Die beiden Bücher sind zu verstehen wie zwei große Handlungszüge, die sich aufeinander beziehen. Während das erste Buch davon erzählt, dass und wie durch Jesus von Nazaret innerhalb des Judentums ein spezifisches Wissen gestiftet wird, wie also eine alternative kulturelle Identität entsteht, fasst das zweite Buch zusammen, wie die Zeugen Jesu mit diesem Wissen umgehen und es verkündigen. Am einfachsten lässt sich das an den unterschiedlichen Figurenkonstellationen in den Texten nachweisen: Im Lukasevangelium steht durchgehend Jesus im Mittelpunkt, er ist der Stifter dieses Wissens. In der Apostelgeschichte sind es die Zeugen Jesu, die das gestiftete Wissen durch ihre Worte und Taten weitervermitteln.

2. DAS LUKASEVANGELIUM ALS GRUNDLAGE

Beide Bücher bieten jeweils zu Beginn in Form von Autorenkommentaren einige interessante Informationen, setzen dabei auf das Vorwissen der Adressaten und generieren damit bestimmte Leseerwartungen: Das Lukasevangelium beginnt mit der Anmerkung, dass es schon viele Berichte über all das gibt, was sich unter uns ereignet hat und dass sich diese ganzen Berichte an den Überlieferungen derer orientieren, die von Anfang an dabei waren (Lk 1,1-2). Im gleichen Atemzug teilt der Autor seinen Entschluss mit, ebenfalls all dem nachzugehen und für einen ganz konkret benannten Adressaten mit Namen Theophilus aufzuschreiben. Begründung: *„So kannst du dich von der Zuverlässigkeit der Lehre überzeugen, in der du unterwiesen wurdest“* (Lk 1,4). Der Autor ergänzt also die vorhandene Geschichtsschreibung um einen eigenen Entwurf und benutzt dazu den fiktiven Leser

Theophilus, seinen eigentlichen Leser:innen das Idealziel der Lektüre zu vermitteln: die Gewissheit der Worte, in denen man unterwiesen wurde, d.h. man soll sich über die Offenbarung Gottes in Jesus von Nazaret ein sicheres Urteil bilden können. Die im weiteren Verlauf des Evangeliums erzählten Episoden spielen diese Grundbotschaft durch, sind (inzwischen) weniger an dem interessiert, wie und was Jesus von Nazaret wirklich war, sondern legen den Schwerpunkt vielmehr auf die Interpretation eben jener „Ereignisse, die sich unter uns erfüllt haben".

3. DIE APOSTELGESCHICHTE ALS PROFILBILDENDE PERSPEKTIVIERUNG

Auch die Apostelgeschichte hat ein Vorwort (Apg 1,1-3), in dem der Autor wiederum seinen verehrten Leser Theophilus anspricht und ihn noch einmal daran erinnert, was im ersten Buch zu lesen war. Durch die explizite Wiederaufnahme des fiktiven Lesers ist eindeutig geklärt, dass beide Bücher vom selben Autor stammen. Die Ereignisse des ersten Buches – so die Ausführungen im Vorwort der Apg – enden am Tag der Himmelfahrt Jesu und der Autor weist darauf hin, dass Jesus zuvor seinen Aposteln durch den Heiligen Geist noch Anweisungen gegeben hatte. Und genau um die Umsetzung dieser Anweisung, d.h. um die Fortführung und Ausweitung des Wissens Jesu geht es in der Apostelgeschichte. Dieses zweite Buch aus der „Lukas-Feder" beschreibt in der Nachfolge des Evangeliums ein neues Kapitel in der Entwicklung des frühen Christentums, nimmt literarisch rote Fäden wieder auf und entwickelt sie weiter (siehe unten), gibt im Blick auf die Indentitätsstrukturen der Jesusgruppe neue Impulse und will schlussendlich als umfangreiche und kontinuierlich weiterzuentwickelnde Fortsetzung der Jesusgeschichte gelesen werden. Dass man hierbei nicht nur vom Ausgangspunkt Jerusalem bis in eine römische Mietswohnung gelangt (vgl. Apg 28,30), sondern die Angebote der Jesusbewegung bis an „die Grenzen der Welt" bringen möchte, liegt auf der Hand. Inhaltlich folgt die Apostelgeschichte in ihrem erzählerischen Duktus dem Motto *Reisen und Reden*. Es geht um die Weitergabe der Botschaft Jesu durch dessen Zeugen, und zwar sowohl an Juden als auch an Heiden. Dazu stehen eine ganze Reihe hochrangiger Persönlichkeiten zur Verfügung. Wenn es auch nicht ganz ohne Auseinandersetzung geht und gewisse Kompromisse zur Umsetzung gefunden werden müssen, so ist die Gesamtperspektive klar: Auf der Grundlage des Hoffnungswissens Israels stellt die Offenbarung Gottes in Jesus von Nazaret die entscheidende Brücke zwischen den Völkern her. Dafür ist nicht zuletzt Paulus einer der entscheidenden Gewährsleute.

4. FORTSETZUNG DER JESUSBEWEGUNG IN NEUEN KONTEXTEN

Schauen wir auf die Zielgruppe des lukanischen Doppelwerkes, so wird die angesprochene Gemeinde weitgehend einheitlich im Bereich des Heidenchristentums eingeordnet, einem Heidenchristentum allerdings, das in gutem Kontakt zum Judenchristentum steht und sich mit diesem in bleibender Verbindung weiß. Dafür spricht, dass der Autor seinen Leser:innen eine durchaus gehobene Sprache zumuten kann, dass sie auch die durchgängigen Zitate aus der Septuaginta einzuordnen wissen und dass für sie ein theologisches Gesamtkonzept hilfreich und gewinnbringend ist. Mit einer Ausrichtung auf die gehobenen Schichten ist allerdings nicht ausgesagt, dass sich das lukanische Geschichtswerk an Privilegierte richtet, um die Botschaft Jesu zu glätten und anzupassen. Ganz im Gegenteil: Reichtum und Armut in der Gemeinde sind ein Schwerpunktthema der Ausführungen und es wird immer wieder betont, dass den vorhandenen sozialen Ungerechtigkeiten die Urgemeinde als freiwillige Liebesgemeinschaft gegenüber zu stellen ist. Christliche Existenz findet nicht im Reichtum und Überfluss ihr Ziel, sondern in der Bereitschaft zum Liebesdienst am Nächsten. Nachfolge Jesu heißt in der lukanischen Heilsvision: sozialgerecht mit den Mitmenschen umgehen.

Ein weiterer Faktor, der die Situation der Leser:innen charakterisiert, ist – im Sinne der Datierung des Doppelwerkes auf Ende des ersten Jahrhunderts – das *Schwinden der Naherwartung*. Jesus kündigt in seiner Botschaft das kurz bevorstehende Anbrechen des Gottesreiches an. Die Ausführungen des Doppelwerkes zeigen, dass man mittlerweile dem ungewissen Zeitpunkt der Ankunft des Herrn mit Geduld und Wachsamkeit gegenüberstehen muss. Die Naherwartung ist damit nicht grundsätzlich vom Tisch, sie wird im lukanischen Doppelwerk mit ethischen Mahnungen verbunden und bleibt somit hilfreich der Konsolidierung der Gemeinde, die durch die Gefahr des Abfalls gekennzeichnet ist. Jörg Lauster: „Lukas ist daher ein prominenter zeuge dafür, wie ‚geräuschlos' sich das Urchristentum damit arrangieren konnte, dass das von Jesus angekündigte Weltende ausblieb“ (Lauster, Verzauberung, S. 41).

Schließlich fällt auf, dass das lukanische Doppelwerk die Begegnung Jesu mit den Vertretern der offiziellen Behörde bereits im Hinblick auf die Situation der Gemeinde im Römischen Reich darstellt. Die Gemeinde beansprucht den Freiraum für die praktische Gestaltung ihres religiösen Lebens, verhält sich von daher loyal gegenüber den Behörden und wird auch umgekehrt von den Behörden fair behandelt. Auch mit anderen religiösen Strömungen und Ideen aus der paganen Umwelt setzt sich die Gemeinde durchaus produktiv auseinander, wie etwa die Areopag-Rede des Paulus (Apg 17,22-32) zeigt. Schließlich weisen einige Teiltexte darauf hin, dass es in der Gemeinde selbst zu Auseinandersetzungen mit Irrlehrern gekommen ist (Apg 20,29.30), worauf man mit dem Verweis auf die Kontinuität der rechten Lehre reagiert.

Literatur: Wilfried Eisele: Das Lukasevangelium. Gott macht Geschichte, Freiburg 2021. Karl Löning: Das Geschichtswerk des Lukas, Band I u. II, Stuttgart 1997 u. 2006. Jörg Lauster: Die Verzauberung der Welt. Eine Kulturgeschichte des Christentums, München [5]2017. Sandra Hübenthal: Gedächtnistherorie und Neues Testament. Eine methodisch-hermeneutische Einführung, Tübingen 2022 (v.a. Kapitel II.4 und II.5).

III. Einfach und doch großzügig leben – Zwei rote Fäden im lukanischen Doppelwerk

1. WIE DIE NACHFOLGE JESU GEREGELT WIRD – ODER: WAS MAN WISSEN MUSS, UM DAZU ZU GEHÖREN

Aussenden und Nachfolgen: „Kein Stab und keine Tasche“

Wenn es um das Thema Minimalismus in der Jesus-Nachfolge geht, wird immer wieder Lk 9,1-6 als grundlegender Gewährstext genannt:

1 Dann *rief* er die Zwölf zu sich und *gab* ihnen Kraft und Vollmacht über alle Dämonen und um Krankheiten zu heilen.
2 Und er *sandte* sie aus, das Reich Gottes zu verkünden und die Kranken gesund zu machen.
3 Er *sagte* zu ihnen:

> Nehmt nichts mit auf den Weg,
> keinen Wanderstab
> und keine Vorratstasche,
> kein Brot,
> kein Geld
> und kein zweites Hemd!
> 4 Bleibt in dem Haus, in dem ihr einkehrt, bis ihr den Ort wieder verlasst!
> 5 Wenn euch aber die Leute nicht aufnehmen, dann geht weg aus jener Stadt und schüttelt den Staub von euren Füßen, zum Zeugnis gegen sie!

6 Die Zwölf *machten* sich auf den Weg und *wanderten* von Dorf zu Dorf. Sie *verkündeten* das Evangelium und heilten überall.

Die Episode hat mit V. 1-2 und V. 6 einen narrativen Rahmen und ist nach dem Schema „Auftrag – Ausführung" konstruiert. Die Aussendung erfolgt nach dem Zusammenrufen der Zwölf (die hier innerhalb des Evangeliums nach 6,12-16 und 8,1-3 schon zum dritten Mal aufgerufen werden) wird als Dreierfigur konstruiert: (1) Jesus gibt Kraft und Vollmacht, ohne die die Mission für die Zwölf unerfüllbar wäre, (2) Jesus sendet sie aus, mit der Konkretisierung, das Reich Gottes zu verkündigen und die Kranken zu heilen, (3) Jesus übergibt in einer Rede Verhaltensanweisungen. Auffällig ist die an die Spitze gestellte Übertragung von Kraft und Vollmacht: Es kommt offensichtlich weniger auf die konkrete Ausstattung der Zwölf an, als mehr auf den hinter dem Sendungsauftrag stehenden Sukzessionsaspekt: So wie der lukanische Jesus heilt, sollen auch die Jünger heilen.

Die praktischen Regeln für die Reise sind utopisch streng (vgl. dazu die Mk-Version, in der immerhin noch ein Stock und Sandalen an den Füßen erlaubt sind; Mk 6,8) und enthalten archaisches Gut, das die christliche Tradition mit Respekt weitergibt (V. 3): Auf die allgemeine Verfügung, nichts mitzunehmen, folgen vier verbotene Güter (Wanderstab, Vorratstasche, Brot und Geld) sowie als fünftes ein weiteres Elementargut – das Hemd –, das man tragen muss, aber nicht zweifach mitnehmen darf.

Solche Weisungen arbeiten sich traditionsgeschichtlich an den Einflüssen der Umgebung ab (Stab und Tasche waren einerseits typische Kennzeichen der kynischen Wanderprediger, andererseits ist die minimale Reiseausrüstung vielleicht an die Ausrüstung des nach Jerusalem ziehenden Pilgers angelehnt), werden aber hier von Lukas konstruktiv genutzt, um die Identität seiner eigenen Gruppe von der Umwelt abzusetzen. In Resonanz auf den Jerusalemer Pilger hieße das, dass Inhalt und Bedingungen der Wanderschaft – also der produktiven Bewegung auf dem Weg Jesu – radikal umgedeutet sind: statt nach Jerusalem geht man zu den verstreuten Israeliten, statt die eigenen religiösen Pflichten zu erfüllen, bringt man anderen die radikale Botschaft des Evangeliums Jesu von Nazaret. Und genau das wird in den weiteren Episoden des lukanischen Doppelwerkes immer wieder eingespielt: So wird zum Beispiel die Rückkehr der „Missionare" („sie erzählten alles, was sie getan hatten") mit der Erzählung der Speisung der Fünftausend in Verbindung gebracht (Lk 9,10-17). Und wenn wir in die Apostelgeschichte schauen, zeigt sich an verschiedenen Stellen die Vernetzung zwischen der erzählten vorösterlichen und der erlebten nachösterlichen Missionspraxis: Der Missionar empfängt Kraft und Vollmacht vom Herrn (Apg 26,15-18), Predigt und Heilung gehören zusammen (Apg 3,1-26); der Missionar findet Aufnahme oder Ablehnung (Apg 13,51-52 „Diese aber schüttelten gegen sie den Staub von den Füßen und zogen nach Ikonion. Und die Jünger wurden mit Freude und Heiligem Geist erfüllt").

Zusammengefasst: Die Reiseregeln für Gruppeneinsteiger erinnern deutlich an die weiter oben aufgeführten Rollenkriterien der charismatischen Wanderprediger, vor allem der Verzicht auf das zweite Hemd soll ja die Bedürfnislosigkeit der Ausgesandten ins Wort setzen. Offensichtlich nutzt der Autor gegen Ende des ersten Jahrhunderts den wohl in der Anfangszeit der Jesusbewegung wörtlich befolgten Radikalismus, der von seiner eigenen Gemeinde mit einigem Abstand mit Verehrung betrachtet und – gleichwohl nicht mehr in vollem Umfang aktuell – als Gedächtnistheorem weitergetragen wird.

Zugehörigkeit mit dreifacher Bedingungslogik

Wenn wir das Lukasevangelium etwas weiter lesen, stoßen wir im Anschluss an ein Pharisäermahl (siehe dazu weiter unten) in Lk 14,25-35 auf eine Rede Jesu, in der die Bedingungen für die Nachfolge noch einmal auf einer anderen Ebene konkretisiert werden:

25 Viele Menschen begleiteten ihn; da wandte er sich an sie und sagte:
26 „Wenn jemand zu mir kommt und nicht Vater und Mutter, Frau und
Kinder, Brüder und Schwestern, ja sogar sein Leben gering achtet, dann
kann er nicht mein Jünger sein.
27 Wer nicht sein Kreuz trägt und hinter mir hergeht, der kann nicht mein
Jünger sein. 28 Denn wenn einer von euch einen Turm bauen will, setzt er
sich dann nicht zuerst hin und berechnet die Kosten, ob seine Mittel für
das ganze Vorhaben ausreichen? 29 Sonst könnte es geschehen, dass er das
Fundament gelegt hat, dann aber den Bau nicht fertigstellen kann. Und
alle, die es sehen, würden ihn verspotten 30 und sagen: Der da hat einen
Bau begonnen und konnte ihn nicht zu Ende führen. 31 Oder wenn ein
König gegen einen anderen in den Krieg zieht, setzt er sich dann nicht zu-
erst hin und überlegt, ob er sich mit seinen zehntausend Mann dem ent-
gegenstellen kann, der mit zwanzigtausend gegen ihn anrückt? 32 Kann
er es nicht, dann schickt er eine Gesandtschaft, solange der andere noch
weit weg ist, und bittet um Frieden.
33 Ebenso kann keiner von euch mein Jünger sein, wenn er nicht auf seinen
ganzen Besitz verzichtet. 34 Das Salz ist etwas Gutes. Wenn aber das Salz

seinen Geschmack verliert, womit kann man ihm die Würze wiedergeben?
35 Es taugt weder für den Acker noch für den Misthaufen, man wirft es weg."
Wer Ohren hat zu hören, der höre!

Diese kleine Szene ist in drei Monolog-Sentenzen unterteilt, die alle negativ formuliert sind und in denen Kriterien zusammengestellt sind, die den Eintritt in die Jesusnachfolge unmöglich machen: In der ersten Sentenz (V. 26) geht es um den Bruch mit der eigenen Familie – wohl gemerkt mit der leiblichen Familie. Die aufgezählten Verwandtschaftsgrade münden im „eigenen Leben" (genauer übersetzt bedeutet das hier verwendete griechische Wort psyche: „Seele"), womit die Abhängigkeit der eigenen Person inklusiver aller Vitalfunktionen als soziales Wesen von der klassischen Familie gemeint ist. Wer sich zur Jesusgruppe bekennt und hier langfristig einsteigen will, muss sich eben genau von diesen sozialen Abhängigkeiten lösen. Und an dieser Stelle kommen wir auf unsere Ausgangsüberlegungen zurück, wo es auf der Grundlage der apokalyptischen Weisheit darum ging, sich von einem klassischen, auf familiäre Zugehörigkeit setzenden Lebenskonzept zu lösen und durch die Nachfolge Jesu einen Neuaufbruch zu wagen, eben in die neue „familia dei" einzusteigen.

Die zweite Sentenz (V. 27) denkt dies weiter und benennt die Kreuzesnachfolge mit entsprechenden Illustrationsbeispielen als Inhalt eines solchen Alternativentwurfs. „Sein Kreuz tragen" meint in diesem Zusammenhang, die soziale Ausgrenzung und das Randgruppendasein in der Nachfolge Jesu zu ertragen.

In der dritten Sentenz kommen schließlich erneut die Besitzverhältnisse in den Blick: Die Nachfolgebedingung heißt, auf seinen Besitz zu verzichten, und zwar im lukanischen Sinne explizit auf den „ganzen" Besitz. Auch diese Forderung wird mit einem anschaulichen Bild untermauert. Das Loslösen von allen ökonomischen Ressourcen komplettiert die Trias von Bedingungen und fügt den beiden ersten, auf alternative Beziehungskonstrukte ausgerichteten Anforderungen eine verdinglichte Größe hinzu.

Schwert statt Mantel: Vorbereitungen auf die Zeit der Abwesenheit Jesu

Wenn wir das Lukasevangelium dann fast bis zum Ende gelesen haben, stoßen wir im Zusammenhang der Abendmahlsdarstellung auf folgende Sequenz:

Lk 22,35-38:
35 Dann sagte Jesus zu ihnen:
Als ich euch ohne Geldbeutel aussandte,
ohne Vorratstasche
und ohne Schuhe,
habt ihr da etwa Not gelitten?
Sie antworteten:
Nein.
36 Da sagte er zu ihnen:
Jetzt aber soll der, der einen Geldbeutel hat, ihn mitnehmen und ebenso die Tasche.
Wer dies nicht hat, soll seinen Mantel verkaufen
und sich ein Schwert kaufen.
37 Denn ich sage euch:
An mir muss sich erfüllen, was geschrieben steht:
Er wurde zu den Gesetzlosen gerechnet.

Denn alles, was über mich gesagt ist, geht in Erfüllung.

38 Da sagten sie:

Herr, siehe, hier sind zwei Schwerter.

Er erwiderte:

Genug davon!

In dieser Gesprächssequenz werden die Reiseregeln aus Lk 9 wieder aufgenommen, anders zusammengesetzt und v.a. in einen ganz neuen Gesamtzusammenhang gestellt. Während in Lk 9 der Verzicht auf Wanderstab, Vorratstasche, Brot, Geld sowie ein zweites Hemd propagiert wurden, wird hier reduziert auf Geldbeutel, Vorratstasche und (neu hinzugekommen) Schuhe. Es geht um die Frage, ob die Jünger aufgrund dieser Regularien Not gelitten haben, was sie umgehend verneinen (V. 35). D.h. hier wird zunächst die in Lk 9 beschriebene Aussendung sowie alle damit verbundenen Taten als Erfolgsgeschichte verbucht. Dann wendet sich aber das Blatt (V. 36) und der lukanische Jesus dreht die Bedeutung der Reiseutensilien um: ab jetzt soll jeder Geldbeutel und Tasche mitnehmen, oder seinen Mantel verkaufen, um vom Erlös ein Schwert zu erwerben. Worum geht es? Die Umwidmung der Teilnahmevoraussetzungen blickt auf das zukünftige, nachösterliche Schicksal der Jünger und deutet an, dass sich die Weiterentwicklung der Jesusbewegung (worüber dann die Apg erzählt) als große Herausforderung darstellen wird. Jetzt steht mit Passion und Tod Jesu die Stunde der Herausforderung bevor (V. 37), also im weisheitlich-apokalyptischen Sinne die Krise, in der es sich zu bewähren gilt und in der es weniger auf reduzierte Reiseausrüstung als auf Bewaffnung für den Kampf ankommt. Und darüber hinaus gilt es, sich in der Nachfolge zu bewähren und für die „Mission“ die entsprechende Ausrüstung zur Verfügung zu haben. Diese kurze Gesprächssequenz zeigt, dass unterschiedliche Zeiten verschiedene Herausforderungen haben und eben auch unterschiedliche Ausrüstungen erfordern. Das bezieht sich literarisch auf den roten Faden zwischen Lukasevangelium und Apostelgeschichte, der seinen Schnittpunkt in Tod und Auferstehung Jesu hat, und pragmatisch auf die Situation der lukanischen Gemeinde, die gegen Ende des ersten Jahrhunderts mit ihrem Doppelwerk das Offenbarungswissen Gottes bereits in der Form einer klaren Identitätsstruktur in die Auseinandersetzung mit Welt bringt.

Das Nachfolgekonzept des lukanischen Doppelwerkes – oder: von den Aposteln zu den frühchristlichen Gemeinden ... und darüber hinaus

a) Wie man „Apostel"/Gesandter wird

In seinem Doppelwerk nutzt der Autor das Apostelbild und v.a. den Zwölferkreis literarisch sehr geschickt, um sein Gesamtkonzept zu formatieren. Für ihn übernehmen die Apostel die entscheidende Rolle der Garanten jener Tradition, auf die sich die Gemeinschaft derer beruft, die sich bereits in der zweiten Generation in die Nachfolge Jesu von Nazaret stellen. Der lukanische Jesus setzt die zwölf Apostel selbst ein (Lk 6,12-15). Sie werden dort namentlich aufgezählt (vgl. die etwas variierenden Listen bei Mk 3,16-19; Mt 10,2-4; Apg 1,13) und explizit auch aufgrund ihrer Erwählung durch Jesus von den „normalen" Jüngern abgehoben. Das heißt im Umkehrschluss: Bevor man Apostel wird, ist man Jünger Jesu, das Apostolat ergibt sich durch die explizite und besondere Berufung durch Jesus. Besonders hervorgehoben wird Petrus, der als erstberufener Apostel die Rolle des Wortführers innerhalb dieser Gruppe übernimmt. Neben der besprochenen Aussendung der Zwölf durch Jesus (Lk 9,1-6) legt der Autor im weiteren Verlauf großen Wert darauf, diese ausgewählte Gruppe seinem Jesus bei allen wichtigen Ereignissen zur Seite stehen zu lassen.

b) Nachfolger als Garanten der Jesusüberlieferung

Die zwölf Apostel garantieren die Jesusüberlieferung. Das Zeugnis derer, die von Anfang an dabei waren, gilt als Grundlage für den weiteren Umgang mit dem von Jesus installierten Programm. Der Faktor „Augenzeugenschaft" ist somit für Lukas neben der Beauftragung durch Jesus ein unumgängliches Kriterium (Apg 1,21.22). Apostel kann nach diesem Modell nur sein, wer den irdischen Jesus begleitet und seinen Tod sowie seine Auferstehung miterlebt hat. Dies gilt auch noch für die Zeit nach dem Weggehen Jesu, was uns in der Episode von der Nachwahl des Matthias (Apg 2,15-26) erzählt wird. Um den Zwölferkreis nach dem unrühmlichen Ausscheiden des Judas wieder zu komplettieren, suchen und finden die Verbliebenen *„einen von den Männern, die mit uns zusammen waren, als Jesus, der Herr, bei uns ein- und ausging. Einer von diesen muss nun zusammen mit uns Zeuge seiner Auferstehung sein"*. Neben der Information, wie man Apostel wird, kann man an dieser Stelle auch zeigen, warum die „Zwölf" für Lukas so wichtig sind: In dieser Gruppe manifestiert sich symbolisch die neue Idee, die vom Ansatz her auf die zwölf Stämme Israels zurückgreift. Der Zwölferkreis manifestiert damit das heilsgeschichtliche Kontinuum von Israel zur Jesusbewegung und darüber hinaus.

c) Gemeindegründung als urchristliche Utopie

Die Apostel bringen die Jesusüberlieferung in die Gründung der urchristlichen Gemeinschaft ein – das wird zu Beginn der Apg bei der Beschreibung der Urgemeinde des öfteren hervorgehoben (Apg 2,43-47; 4,32-37; 5,1-11) – und sie zeigen sich in diesen Zusammenhängen gleichzeitig als Prototypen der für die entstehende Gemeinschaft maßgeblichen Gewährsleute und Führungspersönlichkeiten. Die Gemeinde-Utopie zu Beginn der Apostelgeschichte wird immer wieder genannt, wenn es um ein Minimalismus-Konzept in der Nachfolge Jesu geht. Erzählt wird von alternativen Lebensformen sowie von der Gütergemeinschaft der Urgemeinde. Alle Mitglieder der Gemeinschaft wohnen am selben Ort und besitzen alles Notwendige gemeinsam, verkaufen eigene Güter und verteilen den Erlös an die Armen, sind einmütig versammelt und halten gemeinsam Mahl (siehe dazu noch einmal weiter unten). Lukas möchte mit dieser Darstellung zweifellos das Bild einer einfachen Gemeinschaft vorstellen, er möchte seiner Zeit den Spiegel vorhalten. Wenn die Gemeinde „ein Herz und eine Seele" ist, dann kann auch ihre Kraft nicht geteilt sein, sondern sie engagiert sich im Glauben für die Realisierung der eschatologischen Rettung Israels. Im Mittelpunkt der sogenannten Gütergemeinschaft steht also nicht in erster Linie eine asketische Motivation (wie es z.B. bei den Qumran-Essenern der Fall ist), sondern die Perspektive, dass dieses einfache Leben die Wirksamkeit Jesu im Sinne des oben beschriebenen Offenbarungswissens unaufhaltsam fortsetzt. Und in der Tat: gerade der viel beschworene selbstlose „Liebeskommunismus" der Urgemeinde verleiht dieser Bewegung im Zusammenspiel mit der Einheit ihrer religiösen Überzeugungen schon von Beginn an eine besondere Anziehungskraft.

Auch wenn es Lukas offensichtlich keineswegs darum geht, eine Art Kirchenmodell zu schaffen, werden die Apostel auch nach dem Weggang Jesu immer wieder mit besonderen Aufgaben betraut und besitzen die dazu notwendige Autorität. Ein Beispiel ist die Beauftragung der sieben Gemeindeleiter in Apg 6,1-7. Weitere autorisierte Beauftragungen finden wir etwa in Apg 8,14 (die Apostel schicken Petrus und Johannes nach Samarien) oder in Apg 11,22 (die Apostel schicken Barnabas nach Antiochien). Die Apostel prüfen anstehende Fragen, fällen Entscheidungen und schlichten Streit (vgl. Apg 15,6f.; 16,22-29). Sie sind also insgesamt mit den organisatorischen und infrastrukturellen Notwendigkeiten der entstehenden Gemeinden befasst. Darüber hinaus geben sie die Lehre Jesu weiter (Apg 2,42), sprechen und handeln in Jesu Namen – und das tatsächlich „bis an die Grenzen der Welt“, also unter Juden und Heiden.

d) Aus dem bisher Gesagten ergibt sich folgendes Modell in fünf Schritten:

- *Das literarische Muster*: Das lukanische Doppelwerk nutzt das Apostelbild als literarisches Modell zur Stabilisierung der eigenen Identitätskonzeption. An verschiedenen, sehr wohl ausgewählten Stellen wird das Apostelbild platziert, um Entwicklungen zu markieren und das Programm des Jesus von Nazaret auf der Grundlage der Kontinuität zu Israel langfristig sicherzustellen.

- *Das theologische Programm*: Das Ganze geschieht natürlich unter Rückgriff auf individuelle theologische Parameter. Schon das besondere „Berufungsverfahren" (siehe oben) gibt Aufschluss darüber, auf welche Weise das Apostelbild theologisch motiviert ist. Funktional verbergen sich dahinter die Wiederaufnahme der Lehre Jesu, die Verkündigung des Todes und der Auferstehung Jesu und damit die autorisierte Weitergabe des Evangeliums. Durch die Apostel spricht und handelt Jesus, sie sind seine auserwählten Werkzeuge. Sie fungieren als Gemeindeleiter, haben aber auch die Vollmacht, andere zu beauftragen, einzusetzen, Entscheidungen zu treffen, Recht zu sprechen. Nicht zuletzt gelten sie als das Fundament der Kirche, auf dem alle weiteren Überlegungen und Entwicklungen aufbauen.

- *Ein soziologisches Phänomen*: Aus den literarischen und theologischen Gesichtspunkten ergibt sich ein Blick auf ein soziologisches Phänomen: Die Apostel sowie ihre Nachfolgerinnen und Nachfolger fungieren im internen Bereich des entstehenden Christentums als autorisierte Gewährsleute, spielen also eine gruppenstabilisierende Rolle. Allerdings bewegen sie sich – das zeigt v.a. die Apostelgeschichte – nicht nur in ihren eigenen vier Wänden, sondern treten in der Öffentlichkeit auf, um ihren Auftrag der Weitergabe des Evangeliums zu erfüllen. Sie müssen sich damit an den Maßgaben und den Voraussetzungen ihrer jeweiligen Umwelt abarbeiten, das heißt sich mit religiösen, philosophischen Phänomenen und damit nicht zuletzt mit den Standards der griechisch-römischen Bildung auseinandersetzen. Der Apostelstatus versetzt sie – selbst wenn sie ursprünglich nicht unbedingt aus dem gehobenen Bildungsbürgertum stammen – durch Gottbegabung in die Lage, sich allenthalben Gehör und Beachtung in der Sache zu verschaffen. Das Apostelbild legitimiert die Jesusgruppe in der Umwelt – oder wie Kurt Erlemann es einmal formuliert hat: Die „Lizenz zum Reden“ überwindet gesellschaftliche Barrieren und schafft Überzeugungskraft.

- *Die wirkungsgeschichtliche Dimension*: Im Apostelbild manifestiert sich sicher so etwas wie das interne Gründungsmotiv der urchristlichen Bewegung. Das lukanische Doppelwerk zeigt Entwicklungsprozesse, die sich dann in der Folgezeit immer weiter differenzieren. Das bewegt sich auch über den Bereich der kanonischen Schriften des Neuen Testaments hinaus und manifestiert sich in einer Fülle von apokrypher Apostelliteratur. Dabei wird die oben beschriebene Idee immer weiter verfeinert, teils regionalisiert, teils auf einzelne Apostelfiguren (wie Petrus, Andreas, Johannes, Thomas) fokussiert. Mit solchen Modellen transportiert man spezielle Überzeugungen, setzt sich sowohl auf struktureller wie auch auf inhaltlicher Ebene von allgemeinen Strömungen ab und bedient die Notwendigkeiten, die sich bei der immer rasanteren Ausbreitung des Christentums aufgrund situativer Bedingungen ergeben. Auch die Unterdrückungs- und Ausgrenzungssituation durch die Staatsmacht spielt hierbei eine nicht unerhebliche Rolle. Durch das Bild des Apostels, der in diesen apokryphen Schriften das Abbild der Göttlichkeit Jesu auf Erden darstellt, ja bisweilen selbst als Offenbarer auftritt, bleibt das Christentum auch in den

Zeiten schärfster Ausgrenzung ein Konzept individuellen Heils und damit eine tragende Überlebensstrategie.

- *Ein Kontinuitätsgarant bis heute*: Ein solches Modell ließe sich nun durch die Epochen der Kulturgeschichte des Christentums bis zu unseren heutigen Gemeindestrukturen weiterverfolgen. Das Prinzip bleibt im Grunde das gleiche: Die Apostel fungieren als „Brücke zu Jesus“, und zwar in der jeweiligen Zeit und am jeweiligen Ort zu unterschiedlichen und individuellen Bedingungen. Wie schon bei Lukas ginge es heute darum, trotz des zeitlichen Abstandes zum Auferstehungsgeschehen über das Apostelbild legitimerweise die Kontinuität zur ursprünglichen Programmatik Jesu von Nazaret herzustellen.

2. GEMEINSAM ESSEN: EINFACH UND DOCH NACHHALTIG – DIE LUKANISCHE GASTMAHLKONZEPTION

„Gemeinsam Essen“ als roter Faden im Lukasevangelium

Das Mahl-Thema durchzieht das Lukasevangelium wie ein roter Faden – und wird zudem in der Apostelgeschichte wiederaufgenommen. Dabei nutzt der Autor in unterschiedlichen Zusammenhängen immer wieder Aussagen über ernährungstechnische Details, um bestimmte Phänomene anzuschärfen: So etwa die Aufforderung des Täufers Johannes „Wer zwei Gewänder hat, der gebe eines davon dem, der keines hat, und wer Speisen hat, der tue gleichermaßen“ (3,11), der Hinweis darauf, dass Jesus in der Wüste „nichts isst“ (4,2), oder auch die gegenüberstellende Charakterisierung von Johannes und Jesus: Der Täufer isst kein Brot und trinkt keinen Wein – Jesus isst und trinkt, und sie sagen über ihn: ein Fresser und Säufer ist er (7,33f.). Die Aussendung der Zwölf (9,1-6) erfolgt – wie wir gesehen haben – neben einigen anderen Ausstattungsregularien mit dem Hinweis „kein Brot“ mit sich zu tragen, was in 10,3 noch einmal variierend aufgenommen wird („ohne Vorratstasche“), wobei allerdings nun der Hinweis an die zweiundsiebzig Jünger ergeht, in dem Haus, in dem man tatsächlich eingeladen wird, zu bleiben und „zu essen und zu trinken“. Etwas weiter (12,22f.) werden die Jünger dann belehrt, sich nicht um das Leben zu sorgen und das, was sie essen sollen, „denn das Leben ist mehr als Nahrung“. Die zentrale Stelle im Gleichnis vom verlorenen Sohn ist der Befehl des Vaters, ein gemästetes Kalb zu schlachten und „essend fröhlich zu sein“. Auch in der Geschichte um den armen Lazarus (16,19-31) spielt das Thema Essen eine Rolle: Es geht um die Gegenüberstellung eines Reichen, der sich jeden Tag glänzend vergnügt und dem armen Lazarus, der sich von dem ernährt, was vom Tisch des Reichen herunterfällt – der allerdings schlussendlich nach seinem Tod im Gegensatz zu dem zur Verdammnis verurteilten Reichen in den Armen Abrahams Rettung findet. Ebenfalls eine Unterscheidung der gesellschaftlichen Position bietet das Gleichnis vom unnützen Sklaven (17,7-10); hier fallen verschiedene Fachtermini, die das Mahlhalten charakterisieren: das Hereinkommen, das Sich-zu-Tisch-Legen, das Vorbereiten des Essens, das Bedienen und schließlich das Essen selbst.

Dieser stichwortartige Durchgang durch das Evangelium zeigt, dass die Essensthematik offensichtlich Gegensätze zum Ausdruck bringt, dass mit diesem Phänomen bewusst Alternativen geschaffen werden. Das bezieht sich einerseits auf den eigenen Umgang bzw. das eigene Verhältnis zum Essen selbst, andererseits – und das scheint viel interessanter – darauf, dass sich am Thema Essen soziale Unterschiede ausweisen lassen. Das heißt, es ist nicht unerheblich, wie, wo und mit wem man isst, ganz im Gegenteil, an diesen Kriterien entscheidet sich, wer man ist und auf welche Seite man gehört – oder anders und als These formuliert: innerhalb des Lukasevangeliums wird mit Hilfe des Themas Essen eine identitätsstiftende Grundoption vermittelt.

Neben solchen kleineren Hinweisen fallen zusammenhängende Teiltexte auf, in denen das Thema „Gemeinsam Essen“ bzw. „Gastmahl“ in einen erzählerischen Zusammenhang gekleidet und somit als Geschichte, als Episode in Szene gesetzt wird. Diese Episoden sind für unsere Überlegungen besonders interessant: Wie wird das Mahlgeschehen konkret entfaltet? Wer nimmt am Mahl teil? Wer ist Gastgeber und welche Gäste sind eingeladen? Welche Bedingungen muss man erfüllen, um an dem jeweiligen Mahl teilzunehmen? Welche Themen werden diskutiert und wer hat die besseren Argumente? Und nicht zuletzt: Welche Option wird am praktizierten Mahlverhalten sichtbar und inwiefern setzt sich die lukanische Konzeption damit von den Formen ihrer religiösen und gesellschaftlich-sozialen Umwelt ab und welches Alternativprogramm entsteht auf diese Weise?

Exkurs: Der Autor des lukanischen Doppelwerks spielt hier gekonnt die antike Gastmahlkonvention ein, die grundsätzlich aus zwei Teilen besteht, der Hauptmahlzeit und dem Symposion, die um einige Rahmenelemente ergänzt werden. So gibt es natürlich verschiedene formalisierte Vorgänge vor dem Essen: Einladung, Ankommen, Empfang, Betreten des Esszimmers, rituelle Reinigung, Begrüßung, Platznehmen. Das Sättigungsmahl selbst wird durch konkrete Vorbereitungen und die Anrufung der Götter eingeleitet, worauf der Genuss von Speisen und Getränken folgt. Zwischen dem Hauptgang und dem Symposion haben die Gäste die Gelegenheit, sich zu reinigen und die Götter werden mit Trankspenden und Liedern erfreut. Das Symposion schließlich wird mit dem Nachtisch eröffnet und nach einem erneuten ritualisierten Schluck auf die Götter und dem Abräumen der Tische, geht es über zum Trinkgelage und zu den Tischgesprächen, die von allen möglichen Freuden für Leib und Seele flankiert werden.

Überblicken wir nun den Gesamtentwurf des Lukasevangeliums, so kommen wir insgesamt auf neun Gastmahlepisoden:

1	Das Levi Mahl	5,27-39
2	Das Mahl bei einem Pharisäer	7,36-50
3	Die Speisung der 5000	9,10-17
4	Zu Gast bei Marta und Maria	10,38-42
5	Das Mahl bei einem Pharisäer	11,37-53
6	Das Mahl bei einem Vorsteher der Pharisäer	14,1-24
7	Das Mahl im Haus des Zachäus	19,1-27
8	Das Abendmahl	22,1-38
9	Die Emmausgeschichte	24,13-35

Beim ersten Überblick über diese Episoden ergibt sich eine interessante Beobachtung, die sich bei genauerem Hinsehen als eine Art Erzählstrategie entpuppt und die wir mit dem Stichwort „Sieben plus zwei" charakterisieren können: Es fällt nämlich auf, dass Jesus in den ersten sieben Episoden jeweils bei anderen – also außerhalb seiner eigenen Gruppe – eingeladen ist, bzw. in Kapitel 9 außerhalb dieser Gruppengrenze eine Mahlsituation für andere herstellt. Es handelt sich um Zöllner, Pharisäer und zwei zwar namentlich benannte, aber nicht weiter charakterisierte Frauen, die Jesus in ihre Häuser einladen, sodass jeweils unterschiedliche Rahmenbedingungen und gruppenspezifische Abgrenzungskriterien zu beobachten sind. Erst in Kapitel 22 – in der Abendmahlsdarstellung – findet ein Mahl innerhalb der eigenen Gruppengrenze statt. Hier nun wird vorgestellt, wie die Jesusgruppe Mahl hält, welche Bedingungen, Grenzen und Konventionen gelten und was dann die Emmausgeschichte in Lk 24 noch einmal rückwirkend auf eine Kurzformel bringt.

Der Leser wird mit Hilfe der Mahlepisoden durch das Buch geleitet. Er arbeitet sich an den Mahlkonventionen der Umwelt ab und es entsteht Schritt für Schritt eine eigene Mahlkonzeption, die dann schließlich im Abendmahl Jesu ratifiziert und in der Emmausgeschichte hermeneutisch reflektiert wird. Es gilt also in den folgenden Auswahlanalysen herauszuarbeiten, mit welchen Aspekten der antiken Mahlkonvention bzw. mit welchen schon weiterverarbeiteten Mahlstrategien der Gruppen in der Umwelt der lukanische Jesus und seine eigene Idee konfrontiert werden und welche

Konsequenzen aus diesen Begegnungen für die Konzeption des Lukasevangeliums resultieren.

Die Siebenergruppe zeichnet sich optisch zunächst durch einen Rahmen aus: In Lk 5 und Lk 19 ist die Hauptfigur Jesus jeweils bei Zöllnern zum Mahl eingeladen. Die Mahlepisoden in Lk 7, Lk 11 und Lk 14 sind Mähler bei Pharisäern. Während Lk 7 vom Konzept her eher zu Lk 5 gehört, da – wie wir sehen werden – in diesen beiden Episoden die Mahltypologie allgemein eingespielt wird, kommt es in Lk 11 und Lk 14 bei den Pharisäermählern dann zu heftigen inhaltlichen Auseinandersetzungen zwischen den Gastgebern und Jesus und sowohl die Konvention als auch die Gesprächsthemen werden genutzt, um das eigene Konzept zu profilieren. Das eigene Konzept – soviel können wir an dieser Stelle schon sagen – wird bereits in Lk 9 und 10 angedeutet: Die Speisungsgeschichte in Lk 9 entwirft ein Mahlraster, das in der Gastmahlszene bei Marta und Maria um einen alternativen Entwurf des Verständnisses von Bedienung ergänzt wird (Hören ist besser als Handeln). Am Ende bleibt die Zachäus-Episode, die offensichtlich als eine Art „Drehscheibe" fungiert. Mit ihrer Hilfe werden die wichtigen Faktoren noch einmal gebündelt und im Blick auf die Abendmahlsdarstellung so vorbereitet, dass man dort in Lk 22 dann tatsächlich die eigene Mahlkonvention durchspielen kann. Das Emmausmahl (Lk 24) bietet schließlich noch einmal veränderte Vorzeichen. Hier wird zuerst geredet und dann gegessen. Nachdem man die Schriften ausgelegt hat, kommt es zum gemeinsamen Mahl und die beiden Jünger erkennen Jesus an der mittlerweile konventionellen Form der Mahlfeier. Es geht darum, wie man gemeinsam isst mit dem Bewusstsein, dass der Gastgeber nicht mehr anwesend ist.

Im Folgenden gehen wir etwas genauer auf drei ausgewählte Gastmahlszenen ein, legen die Episoden mithilfe synchroner exegetischer Methoden aus, stellen dabei Kriterien für ein einfaches und großzügiges Leben zusammen und werden sehen, wie sich der rote Faden „Gemeinsam essen" auch durch Verbindungen und strukturelle Vernetzungen zwischen den Episoden entwickelt.

Einblick 1: Jesus und die Sünderin (Lk 7,36-50)

Die Mahlepisode zeigt sich von der Szenenabfolge und der Figurenkonstellation her dreiteilig: eine Exposition (V. 36: Jesus – Pharisäer), eine Salbungsgeschichte (V. 37f.: Jesus – Sünderin) sowie das sich anschließende Gespräch (V. 39-50: Pharisäer – Jesus – Sünderin). Auf der Folie der Mahlkonvention gelesen, ergeben sich daraus die zwei klassischen Teile: Mahl und Symposion!

Eingeleitet wird die Episode mit der Information, dass ein Pharisäer Jesus darum bittet, bei ihm zu essen. Jesus geht in das Haus des Pharisäers hinein und legt sich zu Tisch. Mehr erfährt der Leser nicht über das Gastmahl bzw. über die äußeren Umstände desselben – genug offensichtlich, um die Gastmahltypologie einzuspielen und das Folgende auf der Grundlage dieser Folie nachvollziehbar zu machen.

Mit dem Aufmerksamkeitshinweis „und siehe" wird die vermeintlich normale Situation unterbrochen. Erzählt wird, dass eine als bekannte Sünderin charakterisierte Frau ohne Namen aufgrund ihres Wissens, dass Jesus im Haus des Pharisäers zu Gast sei, in die Szenerie einführt. Sie trägt eine Alabasterflasche mit Öl bei sich und stellt sich weinend hinten zu Jesu Füßen. Die Darstellung ihrer Aktion ist klar und zielstrebig formuliert: sie beginnt die Füße Jesu zu benetzten, trocknet sie mit ihren Haaren ab, küsst die Füße und salbt sie mit Salböl.

Warum wird diese Geschichte an dieser Stelle erzählt und welche Rolle übernimmt die „stadtbekannte Sünderin" beim Pharisäermahl? Gehen wir von der antiken Gastmahlkonvention aus, so ist die Anwesenheit dieser Frau nicht so außergewöhnlich. Sie ist eine Hetäre und es ist völlig üblich, dass die Gäste Hetären mit zu einer Einladung bringen. Dafür, dass jene bessergestellten Prostituierten viel begehrte und in der feinen Gesellschaft gern gesehene Gäste waren, gibt es neben den literarischen Quellen eine Vielzahl von archäologischen Belegen. Unter anderem zeigen solche Darstellungen auch, dass sie sich bekleidet oder nackt meist am Fußende der Klinen niederlassen. Zwar bleibt den Männern das Kopfende der Kline vorbehalten, allerdings zeigt die Möglichkeit der Platznahme am Fußende, dass die Hetäre beim Symposion nicht nur die Funktion der Bedienung übernimmt, sondern durchaus ihren Anteil am Gastmahl hat. Allerdings: Auch wenn diese Frauen Zugang zur höheren Gesellschaft und damit zu den entsprechenden Symposien hatten, bleibt ihr allgemeines Ansehen in der Gesellschaft eher von einem negativen Image geprägt und sie werden im Regelfall weiterhin als Sklavinnen betrachtet, sodass ihre wirtschaftliche Situation insgesamt (vielleicht mit Ausnahme temporärer Gewinnanhäufungen) eher als erbärmlich zu qualifizieren ist.

Kommen wir vor diesem Hintergrund wieder zu unserer Gastmahlepisode bei Lukas und den einschlägigen Details zurück. Die Frau führt eine Flasche mit Salböl mit sich und stellt sich hinten zu den Füßen Jesu: Bei dem Alabasterfläschchen mit Salböl handelt es sich um ein „typisches Requisit (...), das in der Antike in Händen von Hetären belegt ist" und das die Frau in einem gewissen wohlhabenden Status erscheinen lässt. Wenn sie sich „hinten zu seinen Füßen" stellt, so entspricht das genau dem Platz, den wir für die Hetäre beim Gastmahl ausweisen konnten. Die Vorgänge des Füßewaschens, des Abtrocknens mit den (geöffneten) Haaren, des Salbens und des Küssens haben in der Tat eine Funktion als „erotisch geprägte Geste(n)" im Verlauf des Gastmahls. Damit tut unsere „stadtbekannte Sünderin" nichts anderes, als ihren regulären Platz als Hetäre beim Gastmahl einzunehmen und Hetärendienste auszuführen. Mit einer Besonderheit: sie weint und benutzt ihre Tränen für das Waschen der Füße! Warum, bzw. worüber weint diese Frau eigentlich? Der Text gibt das nicht explizit an. Die meisten Ausleger deuten dies als eine Gefühlsäußerung, mit der sich die Frau über sich selbst und ihre Situation Rechenschaft gibt und mit ihren Tränen die Reue über ihr vergangenes Leben zum Ausdruck bringt – und nicht zuletzt den Akt der Umkehr einläutet. Allerdings ist in diesem Text an keiner Stelle von Umkehr die Rede. Und in der Tat weint die Frau ja, während sie ihre Position als Hetäre einnimmt und nutzt ihre Tränen für einen ihrer Hetärendienste – sie beweint also offensichtlich im wesentlichen die Ausweglosigkeit ihrer Situation. Und dies bezieht sich in erster Linie auf ihre soziale bzw. wirtschaftlich desolate Situation, in der sie sich als Hetäre dauerhaft befindet. Das heißt, eine Spitze dieser kurzen Erzählsequenz liegt im ökonomischen Bereich.

Und genau hierin liegt auch der Witz der sich anschließenden Erörterung zwischen dem Pharisäer und Jesus: Der Pharisäer qualifiziert das Verhalten der Frau als Sünde und hebt dabei als Begründung einzig und allein die Berührung hervor – womit Sünde klassisch pharisäisch über den Reinheitsbegriff definiert wird. Der Autor lässt dagegen seine Hauptfigur Jesus mit dessen kurzem Gleichnis in 7,41f. zielgenau eben den ökonomischen Aspekt ins Spiel bringen, und zwar so, dass der Pharisäer sich durch seine Antwort selbst disqualifiziert, die Vergebung für die Frau aber gleichzeitig eine sachlogische Konsequenz darstellt. Die Frage nach der Funktion der Frau und ihrem wie auch immer zu bewertenden Auftreten beim Gastmahl wird im Gleichnis auf der Ebene der Geldwirtschaft diskutiert – und der gesprächsbereite Pharisäer wird über diesen literarischen Trick selbst mit in diesen Zusammenhang involviert.

Dahinter steckt die zweite inhaltliche Spitze unserer Episode: Das Gleichnis Jesu weist sowohl die Frau als auch den Pharisäer als Sünder aus. Beiden wird geschenkt, d. h. vergeben – allerdings lautet der alternative Grundsatz, das derjenige, dem mehr geschenkt wird, mehr liebt.

Was sich dahinter verbirgt und auf welche Weise der Pharisäer seinem Fragesteller damit argumentationstechnisch auf den Leim gegangen ist und sich mit seiner Anklage gegenüber der Frau selbst ad absurdum geführt hat, erläutert der zweite Durchgang der Rede Jesu (V. 44-47) sehr direkt: Der Pharisäer hat Jesus beim Eintreten kein Wasser für die Füße gegeben. Die Frau dagegen hat nicht nur das getan, sie hat sogar die Füße mit ihren Haaren abgetrocknet. Der Pharisäer hat ihm keinen Kuss zur Begrüßung gegeben, wogegen die Frau nicht aufgehört hat, ihm die Füße zu küssen. Drittens hat er Jesu Haupt nicht mit Salböl gesalbt, die Frau aber hat seine Füße gesalbt. Das Resultat: wer viel liebt, dem wird viel vergeben – wem nur wenig vergeben wird, der zeigt auch nur wenig Liebe (V. 47). Am Ende seiner erläuternden Darlegung greift Jesus noch einmal einen quantitativen Aspekt auf und setzt die Fakten seines ökonomischen Gleichnisses von den beiden ungleichen Schuldnern (V. 41f.) auf der theologischen Ebene mit den Prinzipien Liebe und Vergebung um. Oder noch einmal anders: Die Beweisführung des Pharisäers im Blick auf das, was Sünde ist, wird auf den Kopf gestellt: durch ihre Berührungen, indem sie sich einem anderen zuwendet, zeigt die Frau ihre Liebe. Das ist das Alternativprogramm Jesu, das sich fundamental von der Vorstellungswelt des Pharisäers unterscheidet.

Die sich anschließende tatsächliche Sündenvergebung durch Jesus (V. 48) ruft die übrigen zu Tisch Liegenden auf den Plan, die ihrerseits damit beginnen, die Legitimation Jesu zur Vergebung von Sünden in Frage zu stellen – allerdings mit ihrem Einwurf keine Auswirkung auf den Fortgang der Geschichte zeitigen. Die Episode endet mit einer definitiven

Botschaft Jesu an die Frau: „Dein Glaube hat dich gerettet. Geh in Frieden".

Mit der Salbungsgeschichte springt der Autor nach kurzem Aufruf der Mahltypologie direkt ins Symposion und bietet in verschiedener Hinsicht ein Alternativprogramm:

- Strukturell gibt der eigentliche Gastgeber seine Gastgeberrolle komplett auf: Die wird im Sinne Jesu anteilig von der Sünderin übernommen, indem diese die zuvor nicht gegebene Möglichkeit der rituellen Reinigung anbietet. Andererseits tritt Jesus während der Tischgespräche selbst in dieser Funktion auf, da er – vom Pharisäer als „Meister" identifiziert – die Diskurse steuert. Das System wird also auf den Kopf gestellt.

- Ähnlich gestaltet es sich mit dem Thema der Tischgespräche: Es geht um „Sünde" und es stehen sich zwei Modelle gegenüber: Der Pharisäer klassifiziert Sünde aus der Perspektive seiner Ideologie. Die Frau ist in seinen Augen mit kultischen und sozialen Makeln behaftet, also unrein. Jesus sieht diese Frau auch als Sünderin, sonst würde er ihr die Sünden nicht vergeben. Doch aus seiner Perspektive geht es darum, die Schuld der Frau vor dem Hintergrund ihrer persönlichen Situation ernst zu nehmen und ihr aufgrund ihrer Liebe und vor allem aufgrund ihres Glauben zu vergeben.

- Das Stichwort „Berührung" ist offensichtlich zentral: Während der Pharisäer diesen Vorgang als Negativum auslegt, ermöglicht Jesus der Frau durch ihre Aktionen den Eintritt in eine neue Lebensrealität.

- Das heißt im Blick auf unser Thema „Gemeinsam Essen" übersetzt: Die Bedingung für die Teilnahme am gemeinsamen Mahl, oder besser: das Zulassungskriterium für die Gruppe bemisst sich nach jesuanischem Duktus daran, wie man sich dem anderen zuwendet, wie viel Nähe man zeigt – und zwar völlig unabhängig von der Art und Weise und auch völlig unabhängig davon, welchen sozialen oder gesellschaftlichen Status man bekleidet .

- Die Sünderin steht als Typus, als Modellfigur, für eine gesellschaftliche Randgruppe, deren wirtschaftliche Situation eher desolat ist. Literarisch ist das intelligent inszeniert: Sie sprengt auf den ersten Blick den Rahmen der versammelten Gruppe – auf den zweiten Blick wird über diese Figur innerhalb der Erzählung eine Strategie jenes Gruppenbildungsprozesses ausgebreitet, den wir in der Nomenklatur unseres Gesamtanliegens unter das Stichwort stellen können: Gemeinsam Essen überwindet herkömmliche Grenzen.

Einblick 2: Jesus und Zachäus (Lk 19,1-10)

In der Exposition (V. 1) erfährt der Leser, dass es sich bei dem Ort, den „er durchzog", um Jericho handelt – den Ort also, an dem auch schon die vorangehende Geschichte in Kapitel 18 gespielt hatte, und um die Zachäusgeschichte in der Gesamtanlage des Buches einzuordnen: erzählt wird die letzte Erzählung des sogenannten lukanischen Reiseberichtes (von

9,51 bis zu unserem Kapitel 19,27), wir befinden uns also direkt vor dem Einzug Jesu in Jerusalem. Interessanterweise wird Jesus hier nicht eigens beim Namen genannt.

Dafür wird in V. 2 ein anderer vorgestellt, nämlich der Mann, um den es im Folgenden geht, und zwar in dreifacher Hinsicht: (a) sein Name: Zachäus, (b) sein Beruf: Oberzöllner, (c) besonderes Kennzeichen: reich. Auf diese Charakterisierung folgt in V. 3 die Aktivierung des Zachäus: Er sucht, Jesus zu sehen, um herauszufinden, wer dieser sei. Dieses Vorhaben ist allerdings nur schwer umzusetzen, denn Zachäus kann aufgrund seiner offensichtlich kleinen Körpergröße nicht an der Menge vorbei und mit Jesus in Kontakt kommen. Dumm ist er aber nicht, unser Zachäus, denn er reagiert mit einem spontanen Strategiewechsel – und an diesem Punkt setzt in der Story endlich die Action ein. Zachäus läuft voraus und steigt auf einen Maulbeerfeigenbaum, um Jesus doch noch zu sehen. Der Maulbeerfeigenbaum ist hierfür besonders geeignet: es ist ein Baum mit horizontalen Ästen und viel Laub, er bietet sich also geradezu dazu an, incognito zu bleiben. Und der Erfolg dieser Maßnahme lässt nicht lange auf sich warten: Jesus kommt, sieht und fordert den auf dem Baum Sitzenden auf, eilends herabzusteigen, mit der Begründung, es sei notwendig, dass er – also Jesus – heute im Hause des Zachäus bleibt. Die Reaktion des Zachäus: Sofortige Ausführung der Aufforderung und freudige Aufnahme des Gesuchten.

Was sich an die Begegnungsszene ab V. 7 anschließt, ist ein Symposion, das aus drei sehr verschiedenartigen Gesprächsbeiträgen besteht: Was die Freude des einen, ist der Unmut der anderen: Die als kollektive Gruppe („alle“) eingeführte Menge sieht, was passiert ist und murrt (Lukas nutzt diesen Vorgang des Murrens mehrfach als Motiv, um den Leser mit verschiedenen Formen des Protestes zu konfrontieren) – und bringt auf diese Weise das Diskursproblem zur Sprache: Jesus ist bei einem sündigen Mann eingekehrt.

Die beiden folgenden Redebeiträge klären jeweils einen Teil der Anfrage durch die Menge: Zunächst tritt Zachäus nach vorne (V. 8) und spricht Jesus an, und zwar mit der Anrede „Herr“ – er hat ihn nun also offensichtlich erkannt. Zachäus entkräftet mit seinem Zugeständnis den Vorwurf der Menge, ein sündiger Mensch zu sein, indem er kundtut, die Hälfte seines Vermögens den Armen zu geben und jedem, von dem er etwas erpresst hat, vierfach zurückzugeben. Mit dieser „Umkehr“ wird die zuvor von der Menge angemahnte Sünde eindeutig im ökonomischen Bereich verortet. Der reiche Oberzöllner formuliert selbst sein Vergehen – und wendet es durch Großzügigkeit zum Positiven.

Durch den Redebeitrag des Zachäus wird schließlich Jesus in Szene gesetzt (V. 9). Er ergreift das Wort und hebt die bisherige Diskussion auf eine allgemeinere, theologisch pointierte Ebene: Dem Haus des Zachäus ist heute Rettung zugekommen. Der Faktor „heute“ betont die Aktualität dieser Rettung. Die Begründung für die Rettung ist zweigliedrig: zum einen geschieht sie im übergeordneten Sinne deshalb, weil Zachäus „auch ein Sohn Abrahams ist“, d.h. er steht trotz seines Berufes und seines Standes in der Traditionslinie

des jüdischen Volkes und ist von daher grundsätzlich in die Heilsgeschichte Gottes integriert. Zum anderen geschieht sie nun im konkreten Fall deshalb, weil der „Menschensohn" gekommen ist, zu suchen und zu retten das Verlorene.
Fazit: Die Zachäusepisode fungiert als Scharnierstück zwischen den Gastmählern Jesu „bei den anderen" und dem „In-Group-Entwurf" nach lukanischem Rezept, wie wir ihn dann etwas später im Buch in der Abendmahlsdarstellung vorfinden. Der Leser stößt gewissermaßen „mit Zachäus im Gepäck" direkt auf das Wirken Jesu in Jerusalem und nach einem kurzen Anlauf eben auf die literarischen Umsetzungen von Abendmahl, Passion, Tod und die Auferstehung Jesu. Mit der Begegnung zwischen Zachäus und Jesus sowie mit der Umkehr des Zöllners trotz der murrenden Menge findet in diesem Buch der letzte erzählte Integrationsprozess in die Jesusgruppe statt. Und das alles vorgetragen mithilfe eines einfach inszenierten und doch äußerst ergiebigen Gastmahls – narrativer und inhaltlicher Minimalismus pur!

Einblick 3: Das Abendmahl als Ratifizierung der lukanischen Mahlkonzeption (Lk 22,1-38)

Die Exposition (V. 1-2) – die gleichzeitig die Verratsszene und die gesamte Episode einleitet – stellt die folgenden Ereignisse in unmittelbaren Zusammenhang mit dem „Fest der Ungesäuerten Brote", wobei eine Übersetzungshilfe erklärt, dass es sich bei diesem Fest um das jüdische „Passafest" handelt. Darüber hinaus wird der Leser in V. 2 in die tödlichen Pläne der Oberpriester und Schriftgelehrten eingeweiht und erfährt gleichzeitig von deren Furcht vor dem Volk.

Die Verratsszene (V. 3-6) – beginnt mit V. 3: Viel pointierter als die synoptischen Vergleichstexte (vgl. Mk 14,10; Mt 26,14) setzt der Autor den Satan in Szene und lässt ihn in Judas „hineinfahren". Nach einer zweifachen Charakterisierung des Judas – der Autor weist darauf hin, dass er auch „Iskariot" genannt wird und „zu den Zwölf gehörte" –, wird mit einem erneuten Bewegungsvorgang der eigentliche Verrat vorbereitet. Judas bespricht sich mit den Oberpriestern und Hauptleuten, wie er ihnen Jesus ausliefern könne. Die Reaktion der Gegner: sie freuen sich, womit eine interessante Stichwortverbindung zur Zachäusepisode installiert wird: Während sich in 19,6 Zachäus über seinen Gast freut, freuen sich hier die Gegner über den gelungenen Verrat des Judas und drücken diese Freude noch mit dem Beschluss aus, ihm dafür Geld zu geben. Und die Antwort des Judas? Er sucht eine Gelegenheit, um Jesus fern von der Volksmenge auszuliefern. Noch einmal bemüht der Autor das Verb „suchen", zieht damit gewissermaßen einen Rahmen um die Verratsszene und hebt den Bezug zur Zachäus-Episode mehr als eindeutig hervor: Während sich dort die In-Group (Zachäus und Jesus) verständigt und formiert, ist es hier die gegnerische Welt, die „auf der Suche ist", und zwar beides in voller Bewegung: Zachäus kommt über die Suche in den Kreis Jesu hinein, Jesus sucht nach Rettung – die Pharisäer als Opponenten Jesu suchen nach Vernichtung und Judas verlässt über die Suche den Kreis Jesu. Damit ist die kunstvoll gebaute Verratsszene als Einführung zur Abendmahlsschilderung mehr als notwendig, da sie das Folgende mit der bisherigen Hermeneutik der lukanischen Idee vom gemeinsamen Essen verschränkt.

Die Vorbereitungen zum Mahl (V. 7-13) – Der wiederholte zeitliche Hinweis auf „die Ungesäuerten Brote" leitet die zweite Szene ein. Dabei ergänzt der Autor das Wissen seines Lesers um das Detail, dass es an diesem Tag notwendig ist, das Passalamm zu schlachten. Und dann tritt Jesus als klassischer Gastgeber auf: Er weist zwei seiner Jünger (Petrus und Johannes) an, das Passamahl vorzubereiten mit der Begründung „damit wir essen können". Der Schwerpunkt des bevorstehenden Mahls liegt also auf dem Vorgang des gemeinsamen Essens. Die Nachfrage der beiden Angesprochenen richtet sich auf den Ort des Geschehens. Sie wissen nicht, wo das gemeinsame Mahl stattfinden soll. Dass dies offensichtlich ein entscheidender Gesichtspunkt ist, macht die ausführliche, mit „siehe" eingeleitete Antwort Jesu deutlich. Er beschreibt ihnen die Szenerie, die sie vorfinden werden, erzählt ihnen von dem Hausherren, dessen Haus für das Mahl ausgewählt ist und er formuliert ihnen auch noch die Frage vor, die sie diesem Hausherren stellen sollen. Schließlich sagt er voraus, dass dieser Hausherr ihnen das große Obergemach zeigen wird, das mit Polstern ausgelegt ist. Innerhalb der Gastmahlepisoden ist dies die erste detaillierte Beschreibung des Ortes, an dem das Mahl stattfindet. Der Abschluss der Szene ist schnell und präzise formuliert: Die Jünger finden alles so, wie er gesagt hat und bereiten das Passamahl vor.

Das Mahl (V. 14-19) – Auch diese Szene wird mit Hilfe einer Zeitangabe eingeleitet: Die Formulierung „als die Stunde gekommen war" beschreibt den konkreten Startpunkt für das Mahl ... und bringt natürlich einen eschatologischen Unterton in die weitere Erzählung. Das Mahl ist vorbereitet, die Mahlgemeinschaft liegt gemeinsam zu Tisch und es fällt auf, dass die zuvor als Diener fungierenden Apostel nun eben auch als gleichberechtigte Teilnehmer am Mahl teilnehmen – oder umgekehrt: die Funktion der Bedienung wird ausgeführt von In-Group-Mitgliedern, die hinterher gemeinsam miteinander essen.

In V. 15 findet die „Begrüßung der Gäste" statt. Jesus übernimmt nun auch bei Tisch die Rolle des Gastgebers und eröffnet das gemeinsame Mahl, indem er einerseits seine Sehnsucht zum Ausdruck bringt, andererseits das folgende Essen in den Zusammenhang seines anstehenden Leidens und die ausstehende Erfüllung des Gottesreiches stellt. Dabei fällt die Gegenüberstellung auf zwischen „das Passamahl *mit euch essen*, bevor ich leide" (also jetzt) – *„keinesfalls* mehr werde ich es *essen*, bis das Reich Gottes erfüllt ist" (also später).

Es folgen die sogenannten Einsetzungsworte, in der Nomenklatur der Mahlkonvention die ganz konkrete „Vorbereitung des Mahls" und die „Götterakklamation" sowie das Darreichen der Speisen und Getränke. Von der Handlungsstruktur folgt zunächst die Darreichung des Weinkelches, wobei die Aktionen „Nehmen" und „Danken" als Partizipien formuliert sind und der eigentliche Schwerpunkt dann auf dem Sprechakt Jesu liegt, der einen deutlich auffordernden Charakter hat: Nehmen und Teilen sind die Aktionen, die die Gäste nun mit dem Kelch zu vollziehen haben. Und wiederum folgt eine Begründung, die (wie schon zuvor in V. 16) die momentane Situation mit einer eschatologischen Dimension verbindet: keinesfalls wird Jesus trinken von jetzt an vom Gewächs des Weinstocks bis das Reich Gottes kommt.

Der „Speiseplan“ in Kapitel 22 sieht folgende Vorgänge vor:

(1) „Brot nehmen“

(2) „Dank sagen“

(3) „Brot brechen“ – mit dem Brechen des Brotes beginnt die eigentlich entscheidende Handlung. Und das Brechen des Brotes wird später als eine Art „Kurzform“ der lukanischen Mahlkonvention in der Apostelgeschichte wieder auftauen (vgl. Apg 2,46; 20,7.11; 27,35)

(4) „Geben“ – dieser Vorgang ergänzt das Brotbrechen zu einer zweigestaltigen Aktion, die uns in Apg 27,35, also ganz am Ende des lukanischen Doppelwerkes, noch einmal begegnen wird.

(5) Jesus identifiziert in seiner deutenden Rede seinen Leib mit dem zuvor gereichten Brot und trägt den Gästen auf, „dies“ zu seinem Gedächtnis zu tun.

Das Symposion (V. 20-38) – Auch das Symposion wird in V. 20 mit einer Zeitangabe eingeleitet: „Nach dem Mahl“ nimmt Jesus noch einmal den Kelch, womit im Sinne der Mahlkonvention eindeutig der Bereich des eigentlichen abendlichen Mahls verlassen wird. Die antike Mahlkonvention sieht im Übergang zwischen Hauptmahlzeit und Symposion noch verschiedene Übergangsrituale, wie eine erneute rituelle Reinigung, eine Libation für die Götter und das

Singen von Paianen (Götteranrufungen). Das lukanische Symposion startet ohne solche Übergangselemente mit dem Genuss von Wein – und zwar theologisch aufgeladen: Der Autor lässt seine Hauptfigur den gereichten Kelch als „Bund in meinem Blut, das für euch vergossen wird" identifizieren. Und von hier aus geht es direkt in die „thematischen Gespräche". Der Gastgeber selbst stößt die Diskussion an, indem er darauf hinweist, dass die Hand des Verräters „mit ihm" auf dem Tisch liegt und ordnet diese Aussage gleichzeitig theologisch ein: Zwar ist das Schicksal des Menschensohns vorherbestimmt, doch wehe dem Menschen der ihn verraten wird. Der Verräter verlässt durch die literarische Gestaltung spätestens an dieser Stelle die In-Group und rutscht auf die Seite der Gegner.

Die Aussage Jesu veranlasst die Gäste, in eine Diskussion darüber einzutreten, wer wohl so etwas tun könnte. Der Autor begnügt sich damit, dies auf der Erzählebene zu formulieren, was genau gesprochen wird, teilt er nicht mit. Stattdessen geht er in V. 24 sofort noch einen Schritt weiter und erzählt, dass ein Streit entsteht über die Frage, wer von ihnen der Größte sei. Es geht also um die Rangfolge der Apostel – und um es im Bild der Mahlkonvention zu sagen: es geht um die Frage, wer welchen Platz bei Tisch einnimmt. Nun erhalten die bei Tisch versammelten Apostel ihre eigene Erklärung. Interessanter Weise beginnt die ausführliche Erläuterung (V. 25-32) mit einem Anti-Beispiel, nämlich mit den „Königen der Völker", die herrschen und den „Macht Habenden", die Wohltäter genannt werden. Genau so ist die Frage, wer der Größere sei, nach weltlichen Maßstäben geregelt. In der Beschreibung des Abendmahls war allerdings schon zweimal die Rede davon, dass das gemeinsame Mahl zu tun hat mit dem Reich Gottes (vgl. V. 16 und V. 18) – der Autor kontrastiert also die Gottesherrschaft mit der Herrschaft der Könige der Völker. Und er lässt seine Hauptfigur in den folgenden Ausführungen erklären, wie das Verhältnis von Herrschen und Dienen im jesuanischen Sinne im Gegensatz zur weltlichen Konzeption geregelt ist: Der Jüngste sei der Größte und der Führende wie der Dienende. Die konventionelle „Tischordnung" ist aufgehoben – und damit auch die gesellschaftliche Hierarchie. Begründung: Jesus selbst tritt als eigentlicher Gastgeber wie ein Diener auf. Konsequenz: Jesus bestimmt für die zu Tisch Liegenden so wie der Vater für ihn selbst bestimmt hat, dass sie zusammen in seinem Reich essen und trinken und auf Thronen sitzen werden. Das nun stattfindende gemeinsame Mahl qualifiziert die Gäste auf der Grundlage der Entscheidung des Gastgebers also offensichtlich für die Teilnahme am endzeitlichen Mahl.

Im gleichen Redeblock fokussiert Jesus die Diskussion auf Simon Petrus (V. 31f.), zeigt das Problem auf, dass der Satan sich anschickt, die Jünger „zu sieben wie Weizen" und teilt ihm mit, dass er – also Petrus – auf der Grundlage des Gebets Jesu besonders auserkoren sei, die Brüder zu stärken. Das heißt, die Thematik des Gesprächs wechselt nun hin zur Erörterung konkreter Umgangsformen für die verbleibende Zeit. Die Antwort des Petrus fällt als kämpferisches Bekenntnis aus: Er ist bereit, für den Herrn ins Gefängnis und in den Tod zu gehen, was allerdings von Jesus durch die Vorhersage der Verleumdung (V. 35) relativiert wird. Dass Jesus zum

Ende der Szene noch einen Schritt weitergeht, indem er die Jünger (nun wieder alle angesprochen) noch einmal an den Aussendungsbefehl erinnert und sich nach dessen Erfolg erkundigt (vgl. 9,2-6; 10,4-12), haben wir weiter oben schon etwas ausführlicher interpretiert (vgl. 3.1).

Fazit: In seiner ausführlichen Abendmahlserzählung führt Lukas seine Gastmahlkonzeption vorläufig zusammen. Erzählstrategisch wird zwar eine klassische Mahlsituation aufgerufen (inkl. Feiertagsmodus, Mahlvorbereitungen, Hauptmahlzeit und Symposion mit ausführlichen Redebeiträgen), inhaltlich findet aber ein deutlicher Transformationsprozess statt: Im Inner-Circle wird das gemeinsame Essen schrittweise ritualisiert und zu einer gedächtnisprägenden Symbolhandlung weiterverarbeitet. Die Idee vom einfachen und doch nachhaltigen Mahl wird zur Grundlage der kollektiven und sozialen Erinnerung der Jesusgruppe – d.h. für das lukanische Doppelwerk gegen Ende des ersten Jahrhunderts, dass für die Gründungserzählung der Jesusbewegung bereits ein kollektives Format mit umfangreicher Reichweite entstanden ist.

Fortsetzung in der Apostelgeschichte: Es sei nur kurz darauf hingewiesen, dass der Autor das Modell des gemeinsamen Essens in der Apg wieder aufnimmt und dies an verschiedenen Stellen zur Hervorhebung des jeweiligen theologisch-strategischen Anliegens einsetzt, vgl. z.B. Apg 2,42 („Sie hielten an der Lehre der Apostel fest und an der Gemeinschaft, am Brechen des Brotes und an den Gebeten"); 10,1-16; 20,7-12 („Als wir am ersten Tag der Woche versammelt waren, um das Brot zu brechen, redete Paulus zu ihnen, denn er wollte am folgenden Tag abreisen ... Dann stieg er wieder hinauf, brach das Brot und aß und redete mit ihnen bis zum Morgengrauen“). An diesen Stelle wird die Mahlkonvention – inzwischen in aller knappster und fast schon ritualisierter Form – in Reminiszenz an den „Speiseplan“ Abendmahlserzählung zu einem entscheidenden Identitätsmarker der lukanischen Erzählgemeinschaft und damit nicht zuletzt auch der weiteren Entwicklung des Christentums.

Literatur: Zu Tisch mit den Göttern. Heiliges Mahl, Welt und Umwelt der Bibel 1(2017). Miteinander Essen: Bibel heute 3 (2003). Anselm Schubert: Gott essen. Eine kulinarische Geschichte des Abendmahls, München 2018. Essen. Mahl anders: Bibel und Kirche 1 (2020). Jens Schröter (Hg.): Das Abendmahl. Frühchristliche Deutungen und Impulse für die Gegenwart, Stuttgart 2006. Sabine Biberstein (Hg.): Mahlzeit(en). Biblische Seiten von Essen und Trinken, Stuttgart 2016.

IV. „Leben mit leichtem Gepäck" – oder: Minimalismus als Umsetzung von unmöglichen Möglichkeiten

Wenn wir zum Schluss noch einmal auf unsere Ausgangsfragen im Blick auf das „Franziskus-Prinzip" zurückkommen, können wir unseren Gedankengang folgendermaßen zusammenfassen: Die Vision vom einfachen Leben hat aus biblischer Perspektive auf den ersten Blick recht wenig mit unserer zeitgenössischen Vorstellung vom „Minimalismus" zu tun, also etwa mit der Vorstellung, durch Downgraden und Simplifyen, durch das Aufräumen der Garage oder durch das Wegwerfen der Ersatzknoblauchpresse den Alltagszwängen zu entkommen und auf diese Weise zu einem selbstbestimmten Leben zu finden. Es geht auch – zum Beispiel im lukanischen Doppelwerk – nicht darum, für sich selbst ein wie auch immer geartetes, religiöses Ideal der Genügsamkeit zu entwickeln, sich in antikapitalistischer Konsumkritik hervorzutun oder auch ganz einfach mal die Sehnsucht nach einer alternativen Lebensform zu befriedigen – aber wohl gemerkt: auf den ersten Blick!

Im neutestamentlichen Sinne ist die Form des einfachen und doch zugleich großzügigen Lebens Teil eines Reaktionsmodells auf eine globale Großwetterlage, nach unseren Analysen die Antwort der urchristlichen Bewegung im Sinne der frühjüdischen Apokalyptik sowohl der Überfrachtung des hellenistischen Bildungssystems als auch den Unterdrückungsmechanismen des Römischen Reiches verantwortungsvolle und zukunftsperspektivische Überlebensmodelle entgegenzusetzen. An dieser Stelle spielen natürlich – um noch einmal Gerd Theißen zu zitieren (siehe oben) – sozioökonomische, sozioökologische, soziopolitische und soziokulturelle Faktoren eine entscheidende Rolle und wir haben gesehen, dass sich gerade die lukanische Erzählgemeinschaft als sozialdivergente Gruppierung darstellt, die in allen Bereichen um ein machbares Zusammenleben verschiedener sozialer Schichten bemüht ist. Hier wird nun gegen Ende des ersten Jahrhunderts in einem literarischen Entwurf die Jesusgeschichte (Lk) und deren Fortsetzung auf dem Weg in die Welt (Apg) dazu genutzt, die Idee eines nichtausbeuterischen und solidarischen Lebensstils als radikalen Gegenentwurf auf der Grundlage der Offenbarung Gottes nachvollziehbar und (er)lebbar zu machen. Entscheidend dabei sind die folgenden fünf Aspekte:

- Der Einstieg in die Gruppe geschieht durch die Adaption von Offenbarungswissen, im lukanischen Sprachgebrauch durch Taufe und Glaube. Man wird als Einzelne:r in die Nachfolge gerufen; das Lukasevangelium erzählt davon, wie das in der Jesusbewegung durch den Stifter selbst geschieht, in der Entstehungszeit des Doppelwerkes eben durch Sukzession ... bzw. durch Lesen und Weitergeben der beiden Bücher.

- Der Gruppenbildungsprozess vollzieht sich als Sammlung unterschiedlicher Charaktere zu einer neuen, nicht ethnisch definierte und bewusst a-familiären Sozialgröße, eben zur Wir-Gruppe der Wissenden, also alle diejenigen, „die an sein Wort glauben".

- Wesentlicher Bestandteil dieses Gruppenbildungsprozesses ist zur Zeit der neutestamentlichen Texte ein neuartiges Integrationsmodell, und zwar in zweierlei Hinsicht: zum einen geht es darum, dass Geächtete, an den Rand Gedrängte, sozial Ausgestoßene und von Stigmatisierung als „unrein" Betroffene Zugang zu dieser Gruppe erhalten. Zum anderen sind eben auch diejenigen, die als Wissende in der Gruppe Aufnahme finden, herausgefordert, soziale Ausgrenzung, Ablehnung und Verfolgung in Kauf zu nehmen, um sich an der Umsetzung der endzeitlichen Rettung zu beteiligen.

- Die Gruppenregularien werden im Laufe der Entwicklung des Urchristentums immer weiter entwickelt und konkretisiert, das lukanische Doppelwerk bietet hier reichhaltigen Stoff: vom Nachfolgekonzept über das gemeinsame Mahl als kontinuierlichem Gedächtnis- und Identitätsritual, bis hin zum urchristlichen „Liebeskommunismus" als real-utopischem Gegenkonzept entwirft es ganz unterschiedliche Bilder und Szenarien, die mögliche Bestandteile des neutestamentlich geprägten „Minimalismus" illustrieren. Wir haben uns in diesem Beitrag auf die genannten Beispiele konzentriert, es wären aber viele weitere Zugänge möglich, z.B. über die vielfältigen Gleichnisreden, die umfangreiche Feldrede, die Geschichte vom barmherzigen Samariter, die Reisegeschichten sowie die großartigen Reden in der Apg, und viele kleinere und größere Einzeltextpassagen mehr.

- Warum wir durchgehend von der Kombination von „einfachem“ *und* „großzügigem“ Leben sprechen? Das ist ja eigentlich ein paradoxer Zusammenhang. Aber genau in dieser Schnittmenge liegt die innovative und verändernde Kraft der neutestamentlichen Ansätze, d.h. in unserem Fall der lukanischen Konzeption: „Einfaches Leben“ meint hier die gemeinschaftsbildende Umkehr und den Einstieg in die Gruppe derer, die Offenbarungswissen teilen und weitertragen. „Einfach“ bedeutet: offen sein, andere und anderes zulassen, durch die eigene Reduzierung gerade Chancen für die Marginalisierten, die Rechtlosen, die sozial an den Rand Gedrängten eröffnen. „Einfaches Leben“ wird damit transformiert, d.h. es wird zu einem Prozess der Großzügigkeit, im jesuanischen Sinne fast zur Maßlosigkeit.

Wenn wir ausgehend gerade vom letztgenannten Punkt die fünf Aspekte konsequent „übersetzen“ oder „verheutigen“, dann ergibt sich doch auch eine Kongruenz des neutestamentlichen Minimalismus mit unseren heutigen Vorstellungen: Leben mit leichtem Gepäck befreit zur Gemeinschaft, setzt unmögliche Möglichkeiten für das Zusammenleben der Menschen frei – und bietet damit v.a. auf den zweiten, etwas intensiveren Blick die Chance, die im Franziskus-Prinzip angelegten Kategorien „Nachhaltigkeit“, „Minimalismus“, „Freundlichkeit“, „Fürsorge“ „Zuversicht“, „Spiritualität“ unter der Perspektive des „Sich-gemeinsam-auf-den-Weg-Machens“ perspektivisch anzugehen.

Hat Jesus minimalistisch geglaubt? *[Christine Funk]*

Die Aufgabe, Jesus als Minimalist vorzustellen, ist mit Tücken verbunden. Als ob es nicht schon genügend Minimalismus-Tipps und Blogs im Internet gäbe, nun noch ein Jesusbuch dazu.

Spräche man über Minimalismus und Kirche, die sich auf Jesus Christus beruft und aus dessen je vernommenen Inspirationen die vielen kirchlichen Gemeinschaften entstanden sind und leben, wäre daraus vielleicht ein Impuls zu erwarten, ähnlich dem, was mit dem II. Vatikanischen Konzil in der römisch-katholischen Kirche unter den Programmbegriffen „Aggiornamento" oder „Dialog" angestoßen wurde. Dieser Vergleich zeigt aber sofort, dass mit Minimalismus Reduktion das Ziel sein soll. Die Perspektive ist dabei: „Was brauche *ich wirklich*?" bzw. „Was braucht ‚es' in *der Kirche wirklich*".

Eine Tücke der Rede vom Minimalismus ist also, dass sie aus der Perspektive kommt, in der Reduktion möglich ist: sie setzt Besitz und Möglichkeiten der Wahl von Ressourcen z.B. im Konsum oder Ausdrucksspielräume voraus. Minimalismus verheißt in den vorhandenen Ressourcen etwa weniger Last mit einem permanenten Entscheidungsdruck, sich für das Beste zu entscheiden oder auch größere Agilität oder Effizienz oder auch durch Reduktion gesteigerten Genuss.

Minimalismus erscheint vielfach als Versuch Besitzender, wie im Titel des *rich Kind* schon zum Ausdruck kommt, eine Steigerung der Lebensqualität durch Verzicht und optimierende Auswahl zu erreichen. Allerdings führt der angezielte Minimalismus kaum dazu, dass diejenigen, die nicht schon über Güter wie Wohnungen und andere Ressourcen verfügen, diese allein durch den Verzicht der Besitzenden erlangen könnten. Insofern erscheint die Rede vom Minimalismus komplementär zur Bereicherungsökonomie unserer Zeit. Mit dem Begriff beschreiben Boltanski und Esquerre die kapitalistische Dynamik, die Verlagerungen hervorbringe, die eine Ausweitung der Vermarktung nach sich ziehen. Etwa dergestalt, dass kulturelle Identitäten (auch Religion) und Natur (z.B. im Tourismus) vermarktet werden und dass verstärkt Identitäten durch Stile (z.B. Minimalismus) und entsprechenden Konsum (z.B. Veganismus) geschaffen werden. Hinzu kommt die Beobachtung der Verdinglichung der sozialen Beziehungen, sodass sie von einer „unbegrenzten Vermarktung der Realität“ sprechen.

In der Rede vom Minimalismus werden leicht Besonderheiten als verzichtbar ausgeschlossen und aufgegeben, was Uniformierung und globale Vereinheitlichung verstärkt. Hier kann die Kulturkritik durch die Reichen, die bereits W. Benjamin kritisierte, wiedererkannt werden: Minimalismus als Kulturkritik derer, die bereits alles konsumiert haben, übersatt und müde sind.

Im Hinblick auf die Frage nach Jesus, dem Minimalisten, in der Kirche, verbindet sich die Erwartung, sich im Besinnen auf die Norm des Jesus von „Damals“ der eigenen komplexen (Kirchen-)Geschichte zu entledigen. Hier ist die Gefahr des Fundamentalismus grundgelegt. Der Ansatz des „Aggiornamento“, der „Verheutigung“, des Zweiten Vatikanischen Konzils ist demgegenüber komplexer, weil er das eigene Beteiligtsein in der jeweiligen Gegenwartssituation voraussetzt und in ihr und im Dialog mit dem, was ungeplant, gewissermaßen „im Zwischen“ zukommt, in die Wirkgegenwart Gottes, zu vertrauen aufgibt.

Literatur: Benjamin, W.: Erfahrung und Armut, in: W. Benjamin, Sprache und Geschichte. Philosophische Essays. Stuttgart 1992. Boltanski, L. / Esquerre, A.: Bereicherung. Eine Kritik der Ware. Frankfurt 2019. Standing, Guy: Eine Charta des Prekariats. Von der ausgeschlossenen zur gestaltenden Klasse, Münster 2016. „https://www.richkind.de/“ richKind [minimalistisch. vegan. frei] (abgerufen am 7.9.2022)

I. Theologische Überlegungen

Mit „Wirkgegenwart Gottes“ soll hier der Horizont gemeint sein, der traditionell vielleicht mit Allgegenwart oder Allmacht gemeint ist. Mit Wirkgegenwart soll Wirklichkeit in ihrer dynamischen Komplexität, aus der nichts und niemand ausgeschlossen ist, gemeint sein. Nicht im Sinne von alles, was ist, sondern alles, was bewegt und alle betrifft. Was aber alle betrifft, betrifft nicht alle in gleicher Weise. Die Aufmerksamkeit für wechselseitige Interdependenzen ist in der Wirkgegenwart mit zu bedenken.

Der Erfahrungshorizont dieser Unterscheidung kann in Straßenexerzitien geübt werden. Hierbei geht es darum, in der Aufmerksamkeit für die eigene Situation, mit Sehnsucht oder Ärger, sich betreffen zu lassen von Situationen im öffentlichen Raum der Straße. Straßenexerzitien verbinden das, worin alle unterwegs sind mit den spezifischen positionalen Wahrnehmungen der Einzelnen und deuten Verbundenheit in Verschiedenheit neu aus. Die folgenden Überlegungen reflektieren gelegentlich diese praktisch spirituelle Dimension mit. Sie gehen gemäß den Leitworten des „Franziskus-Prinzips“ von der Spiritualität aus, die neu gebildet werden kann in der Entdeckung von Sinn und Verbundenheit der Menschen.

Ich möchte im Folgenden zunächst drei Themenbereiche, die Prozesse des Verstehens reflektieren, aus fundamentaltheologischer Perspektive erwägen. Dann folgen Erkundungen in Texten des Lukasevangeliums unter der Leitfrage, was aus ihnen über den Glauben Jesu zu lernen ist? Kann er minimalistisch genannt werden? Ich erwäge dies auch im Horizont der Frage, ob man den Glauben Jesu auch als muslimisch auffassen könnte und wenn ja, warum?

1. FUNDAMENTALTHEOLOGISCHE PERSPEKTIVE AUF BIBLISCHE TEXTE

Die fundamentaltheologische Unterscheidung des Glaubens/Vertrauens, in dem oder durch das ein Mensch lebt (*fides qua*) und der inhaltlichen Ausgestaltung, wie sich das Lebensvertrauen je in verschiedenen „Glaubenssprachen" (*fides quae*, vgl. auch II.2) artikulieren kann, nehme ich als Schlüssel für die Lektüre einiger Texte des Lukasevangeliums, um herauszufinden, aus welchem Lebensvertrauen Jesus gewirkt haben mag. Was kann die Wirkmacht seines Glaubens an den Gott Israels gewesen sein? Welche Wirkgegenwart Gottes transportieren die Erzählungen des sog. Neuen Testaments? Was wird aus den Jesus-Texten je verstanden, die Situationen von Menschen an Orten in Konstellationen und mit Reaktionen auf Fragestellungen schildern, die nur durch Namen von Orten und wenigen Personen in der „Geschichte" einigermaßen zu verankern sind? Woraus gewinnen die Erzählungen ihre Wirklichkeit? Wie vermögen sie zu wirken? Welche „Zutaten" an individuellem Verstehen geben Hörerinnen, Verkündende und Leser dazu, die die Geschichten vernehmen? Fragen, die hier alle gar nicht gründlich bedacht werden können, die aber erwägenswert sind.

Das Verstehenwollen des Adressaten *Theophilus* (Lk 1,3; Apg 1,1) *Gottesfreund*, wenn man die griechischen Namensbestandteile übersetzt, vielleicht sogar jedes Menschen, der sich Gedanken macht, wie die Wirklichkeit eigentlich wirke, wird in diesen Texten des Lukas vorausgeschickt. Der Verfasser des Evangeliums und der Geschichte der Taten der Apostel bietet geradezu an, selbst zu erwägen und sich ein eigenes Verständnis zu bilden im Abgleich mit dem, was er oder sie bereits gehört hat (Lk 1,4). Die Adressaten sind es also, die über die Wirkung der Botschaft entscheiden. Das Angebot ist, sich in die Geschichte einzulesen bzw. einzuhören.

Verstehen wird ja gebildet (in „Synapsenveränderung") durch die Kombination von neuen Informationen mit den eigenen Fragestellungen, Problemen, die zu lösen sind, mit Nöten und Freuden. Und so gibt der „implizite Leser" oder eine Gruppe von Rezipienten das jeweilige Verständnis weiter, das dann für die nächsten den Zugang zum Verstehen weiter steuert. „Überlieferung" ist Angebot, so scheint die Haltung des Verfassers des Evangeliums zu sein, in der sich jede/r selbst gründen können soll (Lk 1,4), denn es geht um die je lebendige Wirklichkeit (Apg 1,3).

Dies ist auch die Übung der Straßenexerzitien: das eigene Verstehen, angestoßen durch konkrete Situationen, in Auseinandersetzung mit Vorstellungsbildern, die mit anderen geteilt werden, zu erweitern, zu vertiefen oder zu erneuern, um Sinn zu bilden im größeren Horizont Gottes und im Resonanzraum einer Gemeinschaft.

Die Aufmerksamkeit für den Prozess des Verstehens, legt also ein Verständnis des Glaubens als permanenten Erschließungs- und Deutungsvorgang nahe. Dieser kann Impulse bekommen etwa durch Sozialisation oder plötzliche Lebensumstände und kann durchaus intentional begleitet werden. „Glauben“ ist aber im Kern der Verfügung von außen enthoben. Die Unverfügbarkeit ist in der Rede von der Geistkraft oder dem Geist Gottes angedeutet. Die *fides qua*, das Vertrauen, durch das ein Mensch lebt, bildet sich (oder wird gestört) in je einzigartiger Weise. Diese Weise ist leiblich in Interaktion gebildet mit Sprache, Atmosphären und vielen Faktoren, ohne dass ihr Maß bestimmt werden könnte.

Soll nun die inhaltliche Glaubens- respektive Vorstellungswelt, in der geglaubt wird, mit ihren Themen und leitenden Bildern beschrieben werden, kommt man in Zusammenhänge, die mit theologischen Begriffen wie Offenbarung und Überlieferung (Gebete, Gesänge, Texte, Rituale) umrissen sind. Schlüsselbegriffe sind hier z.B. „Volk“, „Kirche/Gemeinde“, „Umma“; Kultur und Natur, immer aber auch Geschichte.

Aus der Beschreibung dessen, was ich als „Glaube Jesu“ aus der Lektüre der lukanischen Texte verstehe, frage ich mich, ob man Jesus auch als „muslimisch“ Glaubenden auffassen kann? Und, was damit gewonnen ist, so zu fragen? Die Frage führt zum einen in die Auseinandersetzung mit der Wahrnehmung und dem Verständnis der Grenzen von Religionen. Warum fällt es leichter, Jesus im Raum des Schalom Israels wahrzunehmen, als mit dem, was in der Wurzel des Adjektivs muslimisch als s-l-m steckt? Natürlich, weil Jesus war, was aber noch zu Max Liebermanns Zeit (1847-1935) nicht so einfachhin als „natürlich" galt. Das Bewusstsein der Geschichte der eigenen Religion steuert das Verständnis der Grenzen der Religionen also mit und lässt Verflechtungen erkennen. Ungewohnt ist für die christliche Rezeption zumal, sich aus der Perspektive der jüngeren Religion zu betrachten. Wenn Jesus im „interreligiösen Dialog", der im Korantext erkennbar ist, als hervorragend prophetisch Glaubender erscheint, dessen Gewaltlosigkeit hervorgehoben wird, sollte das in der christlichen Rezeption nicht übergangen werden.

Die Frage nach dem „Glauben Jesu" betont so die Bedeutung der Dynamik des menschlichen Selbst-Verstehens im Horizont der Frage nach Gott und nach Subjektivität und Freiheit.

2. EIN RÜCKBLICK AUF DIE UNTERSCHEIDUNG VON *FIDES QUA CREDITUR* UND *FIDES QUAE CREDITUR* UND IHRE ANSCHLUSSFÄHIGKEIT

Die fundamentaltheologische Unterscheidung des Glaubens in die beiden Dimensionen, die in der katholischen Theologie-Tradition eine lange Geschichte hat, geht auf den lateinischen Kirchenvater Aurelius Augustinus (354-430) in seinem Hauptwerk *De Trinitate (Über die Dreieinigkeit)* zurück. Die ***fides qua*** *creditur* – der Glaube, **durch** den geglaubt wird, der sich also in jedem Menschen in spezifischer Weise mit den jeweils speziellen biographischen und Persönlichkeitsmerkmalen verbindet, und die ***fides quae** creditur* – die vermittelten **Inhalte** einer Glaubenswelt, in der geglaubt wird. Beide Dimensionen sind dynamisch aufeinander bezogen, da Menschen sich in beständiger Kommunikation entwickeln. Berücksichtigt man zudem die Etymologie des lateinischen Wortes *fides*, was *Vertrauen* oder *in Treue sein* meint, weitet sich das Verstehen dessen, was mit Glauben gemeint ist, indem die Wichtigkeit des personalen Aktes vor den Inhalt eines Bekenntnisses, *was* ich denn glaube, tritt. In der Rede von „personalem Akt" ist gewissermaßen unsichtbar ein Zeitfaktor mit enthalten: trauen und treu sein setzt eine gemeinsame Zeit voraus, in der auf ein Ungewisses hin in Verbundenheit Leben gewagt wird. Mit dem Beginn des christlichen Glaubensbekenntnis Credo (Ich glaube) tritt die Person, die das *Glaubens-bekenntnis* spricht, in den Inhaltshorizont ein, in dem sie ihr Lebensvertrauen (*ich gebe mein Herz*) mit Aussagen zum Ausdruck bringen kann. Das jüdische Bekenntnis *Sch'ma Israel* setzt auf das Hören als zentralen Sinn für die Wahrnehmung der Verbundenheit zum Ewigen. Muslime bezeugen im Sprechen der Shahada die Annahme der Wahrheit des einen Gottes und seines Gesandten. Natürlich wenden theologisch Gebildete ein, dass der Witz der augustinischen Unterscheidung in der Interaktion des personhaften Vertrauens mit den „Glaubens-Inhalten", die im *Credo* aufgezählt sind, liegen. Dem ist natürlich zuzustimmen, aber eben nicht nur im Hinblick auf das, was mit einem „kirchlichen Glauben" als „Schatz" oder „Hinterlassenschaft" (*depositum*) in Kombination aus „Heiliger Schrift" und „Heiliger Tradition" in Überlieferung ist und gemeint sein kann und besonders seit dem 19. Jahrhundert als „kirchliche Lehre“ zugespitzt betont wurde. Vielmehr ist die Vorgängigkeit des Subjekts und die Freiheitsdimension des Glaubens zu betonen, was seit der *Erklärung über die Religionsfreiheit Dignitatis humanae* des Zweiten Vatikanischen Konzils im kirchlichen Offenbarungsverständnis ausdrücklich rezipiert ist. Pointiert: nicht (mehr) die Kirche ist das primäre Subjekt des Glaubens, sondern der jeweilige Mensch selbst.

Die Unentschiedenheit der Anerkennung der Priorisierung, dass jeder einzelne Mensch „Subjekt des Glaubens“ ist, und nicht „die Kirche als Lehranstalt“ oder gar als Schutzkollektiv für Kleriker, steht m.E. im Hintergrund vieler aktueller Konflikte, in denen sich die Kirche befindet. Wie z.B. in den Auseinandersetzungen um das als zu zögerlich empfundene Handeln vieler Bischöfe in Anerkennung der Schädigungen der von Klerikergewalt Betroffenen.

Übersetzt man die Unterscheidung der beiden Glaubensdimensionen *fides qua creditur*, und *fides quae creditur* in den Diskurs mit Neurowissenschaften und Hirnforschung, so findet sich Resonanz etwa in den Schriften G. Hüthers z.B. über „Die Macht der inneren Bilder“: über die Wichtigkeit von sprachlich kulturell vermittelten Vorstellungen aus denen Selbst-, Menschen- und Weltbilder entstehen. Mit der Frage, wie diese „in den Menschen“ hineinkommen, befindet man sich einerseits auf der Ebene der *fides quae*, den Inhalten, die Kinder beim Aufwachsen auf sich hin, im Hinblick auf das Verhältnis zu anderen Menschen und der Welt insgesamt aufnehmen. Gleichzeitig und komplementär spielen auf der Ebene der *fides qua* die Atmosphären des Aufwachsens mit emotionalen Farben von Anerkennung oder auch Ausgrenzung und Ablehnung, Angst, regionale, geographische, ökonomische u.a. Faktoren eine Rolle, die die vermittelten Inhalte steuern und mitverarbeiten.

Zurück zu der Unterscheidung der Glaubensdimensionen des Augustinus zeigt sich, dass mit dem Durchdenken seines Konzeptes des Wirkens Gottes, das aus innerer Bewegung nach außen relational vorgestellt wird, ein Wirklichkeitskonzept formuliert ist, das sich auch außerhalb der durch die christlichen Glaubensbilder i.e.S. (Vater, Sohn, Heiliger Geist) geprägten Sphären als vermittelbar und aussagekräftig erweist, da es Verbundenheit und Interdependenz ins Bild bringt.

Das von Augustinus beschriebene spekulative trinitarische Gottdenken auf der theologischen Vorstellungsebene hat Konsequenzen für das praktische Zusammenleben der Menschen, ihr Sprechen und Handeln. Die Bereitschaft, in Interaktion zu gehen, auch Macht zu teilen, kann so begründet werden. Mit-teilung und Kommunikation verbindet, durchdringt und beteiligt im Wirksamwerden (Perichorese). Anders als verdinglichend dualistische Gottesvorstellungen, die im Gegenüber von herrschaftlichem Subjekt und beherrschten Objekt verharren und top-down-autoritäre Systeme begründen, gilt es die Relevanz der grundlegenden Verbundenheit wahrzunehmen. Vom symbolischen Interaktionismus G.H. Meads (1863-1931), über das Dialogische Prinzip im Gefolge M. Bubers (1878-1965) bis hin zu Hüthers Texten lässt sich Interdependenz von Außen und Innen als Wirkprinzip des Weltverstehens deuten. Auch die afrikanische Ubuntu-Philosophie, die vom vorgängigen Wir her denkt, *ich bin, weil wir sind*, ist im Diskurs. In diesem Horizont spielt die trinitarische Gottesvorstellung die Musik zum „göttlichen Tanz", die Gott als seiner Schöpfung, im Menschen und kosmisch wirkend, verbunden versteht.

Hier ist auch an die Einsichten aus der Tiefenpsychologie zu erinnern (die besonders im Anschluss an C.G. Jung zur Diskussion gestellt wurden). Willy Obrist (1918-2013), Schweizer Arzt und Psychoanalytiker, hat die Bewusstseinsevolution tiefenpsychologisch und erkenntnistheoretisch aufeinander bezogen. Der Theologe und Psychotherapeut Rolf Kaufmann (*1940) hat vor allem die Konsequenzen daraus für eine neue Deutung der christlichen Glaubensinhalte reflektiert. Eugen Drewermanns Werk ist zu nennen. Die Erkenntnisse, die Gerald Hüther beschrieben hat, deuten kulturelle Voraussetzungen als „Bedienungsanleitung für ein menschliches Gehirn". Äther, Herz, Leib uvm., womit das Gehirn verbunden ist, machen den Menschen zu dem Wesen im Werden in lebenslanger Interaktion, dessen Herz unruhig ist, bis es in Gott ruht.

Mit der Vorstellung des innenbewegten göttlichen DU, das nach außen in verschiedener Weise kommuniziert, das alles durchdringt und „vom Größten" nicht begrenzt und „vom Kleinsten" umfasst ist, wird ein Wirklichkeitsraum der Freiheit eröffnet, der Anlass zum Staunen gibt und je neu nach dem Verhältnis von ich-du-wir fragt.

3. ÜBERLEGUNGEN ZUM TEXTVERSTEHEN „HEILIGER TEXTE" UND DEM UMGANG MIT IHNEN

Die beschriebenen Unterscheidungen haben Konsequenzen für den Umgang mit Texten. Die Vorstellung, dass sich Gott als Ewiger, barmherzig, als Freund des Lebens, der nichts und niemanden verabscheut (Weish 11,24) vielfältig in Interaktionen zeigt und auch verbirgt in seiner Schöpfung, in Menschen, und in Jesus, so die fokussierte Botschaft des Verfassers der Apostelgeschichte (Apg 1,3), macht die Frage nach der medialen Vermittlung von Wort, Sprache, Schrift, Bild, im Hören, im Lesen, im Sehen, im Fühlen zentral. Mit Wort, Sprache, Schrift und Bild steht das menschliche Selbstverständnis, seine Festgelegtheit oder seine Freiheit zur Debatte. Dies ist mit den verschränkten Tätigkeiten des Lesens, Hörens, des Verstehens und Handelns verbunden. Im vereinfachten Verständnis von kirchlicher „Lehre" wurde vielfach das Hineingenommensein in den Verstehensstrom der „Tradition" autoritativ gegeben verstanden. Alternatives Verstehen der Überlieferung wurde gleichwohl je artikuliert, gelebt, gezeigt, gleichzeitig meist von den jeweiligen Autoritäten kritisiert, verfolgt, ausgeschlossen, oft vernichtet, ist aber ein lebendiger Ausdruck der Bewegung durch den Geist der Kommunion zwischen dem Ich und dem Du, der aus und im Wir geglaubt wird.

Menschen, die Straßenexerzitien machen, treten in einen Reflexions- und Übungsraum ein, in dem sie sich als Wahrnehmende im Vernommenwerden durch Zuhörende (Du-Dimension in Gemeinschaft) erproben können. Im Erzählen dessen, was ihnen auf der Straße begegnet ist, hören sie die eigenen Erlebnisse neu in der Sprache, die ihnen zur Verfügung steht. Die Exerzitienbegleitenden (und die anderen Exerzitienteilnehmerinnen und -teilnehmer) hören zu und geben Resonanz von dem, was sie vernehmen. So entstehen Angebote der Deutung für das, was vielleicht erst ganz zusammenhanglos und belanglos erscheint. In der Reaktion der Resonanz kann die Bedeutsamkeit der eigenen Wahrnehmung erfahren werden. Straßenexerzitien sind ein Überaum, der neu Verbindung des Ich zum Du und ins Wir schafft. „Die Straße" bildet dabei die gemeinsame Wirklichkeitsebene mit den Abwesenden, die im Erzählen noch präsent bleiben, so dass alle im Wir verbunden sein können.

Erlebnisse auf der Straße erfahren im Erzählen eine Deutung, zu der Bilder aus biblischen Erzählungen eine Hilfe sein können und die hörenden Resonanzen der Begleitenden bestätigen die Erzählenden im deutenden Erkennen von Erfahrungen. In der Begleitung zeigt sich oft, dass das Erzählen, also die eigene Perspektive von vielen Menschen kaum als bedeutsam, „neben-sächlich", erachtet wird. Aber durch die Resonanz der Zuhörenden gewinnt das Erzählte Beglaubigung und Wahrheit. Die Zeugin, der Zeuge, die oder der dem Erzählten Resonanz gibt, beglaubigt was war und macht es wahr.

Aus dieser Perspektive leite ich die Fragen an die biblischen Texte nach dem „Glauben" Jesu ab, der ja in den Erzählungen über sein Agieren gespiegelt angeboten wird. Die Aufmerksamkeit des Erzählens in den Straßenexerzitien gilt oft der Beachtung der Orte, wo etwas stattgefunden hat: an welchem Ort, in welcher Situation? Was hat sich darin vom Erzählenden mitgeteilt? Sein Ärger, seine Sehnsucht, das Misstrauen, das Vertrauen, die Haltung, Gefühle u.a.m.

Welche Auskunft geben die biblischen Texte über die Orte und Situationen, in denen etwas über das Vertrauen Jesu ablesbar ist? (*fides qua*) Darauf komme ich unten zurück.

Wie kann man lernen, wie Jesus „an den Gott Israels" geglaubt hat? (*fides quae*) Also, vom Glauben Jesu zu lernen (vgl. III). Und kann man diesen Glauben in seiner Besonderheit neu erklären? Dazu ein Ausflug in einen Vergleich. Wenn also z.B. mitgeteilt wird, dass Jesus die Beziehung in Gottes Du seinem Handeln voraussetzt (Lk 4,1-13, vgl. III) interpretiere ich, Jesus habe „muslimisch" geglaubt. Gerade die Texte des Lk vermitteln in besonderer Weise Jesus als jemanden, der sein Leben ganz und gar von Gottes Anbetung, Verehrung her lebt. Seine Hingabe, sein Vertrauen in Gott, sein Sprechen und Tun wird von seinen Zeitgenossen als Wirkmacht erlebt, die sie nur von Gott her verstehen können. Denn in ihr schafft er vor allem die Verbindung zu allen, die in der Gesellschaft unter der römischen Besatzung als Randständige gelten: Dazu gehören z.B. die Zöllner (Levi und Zachäus) und gemäß seiner prophetischen Programmatik Arme, Gefangene, Blinde, Zerschlagene (Lk 4,18). Zweimal ist als Ziel frei sein, frei und ledig resp. Freiheit genannt. Keine Mildtätigkeit! In den neuen Verbindungen, die Jesus ermöglicht, wird verstanden, was mit Schalom gemeint ist, Anerkennung und Instandsetzung, sein Leben frei leben zu können zwischen Menschen, im angenehmen Jahr / Gnadenjahr des Herrn, das aus seiner befreienden Gratuität kommt.

In der Darstellung von Jesus in Lk – ausgehend vom Jüdischen – vernehme ich die *inklusive Bedeutung* des Wortes „Islam" als Verehrung des Einen Gottes, die sich in seinem Leben, Tun und Lassen maximal realisiert. (Das exklusive Verständnis von „Islam" als Ausgangsbasis der Botschaft Muhammads gegenüber dem Polytheismus soll hier keine Rolle spielen. Ebenso nicht seine Rolle als Gesandter.) Auf der Bekenntnisebene Gottes entspricht das jüdische *Sch'ma Israel* (Dt 6,4) *der Herr ist einzig* dem muslimischen Bekenntnis, der Shahada, *es gibt keinen Gott außer Gott* (vgl. Q 37,35; 47,19). Das Lk-Evangelium stellt Jesus als jemand dar, der ganz aus dem *Sch'ma Israel* lebt, der hört und traut, in die zugesagte Freiheit zu leben. So wird in ihm sichtbar, was die Tora Gottes konkret bedeuten kann, wenn man z.B. „die Mächte" nicht anbetet.

In dieser Perspektive Jesus auffassen zu können, ist eine Folge des erweiterten Horizonts, in den sich die katholische Kirche seit dem Zweiten Vatikanischen Konzil gestellt sieht. Mittlerweile ist es zumindest in Mitteleuropa und Nordamerika verbreiteter, dass das „geistliche Erbe", das Christen mit Juden verbindet nach „biblischen und theologischen Studien" und in geschwisterlichen Gesprächen (NA 4.3) besser erkennbar wird. Etwas anders stellt es sich im Hinblick auf das christliche Selbstverständnis im Verhältnis zu Muslimen dar „die den einzigen Gott anbeten, den Schöpfer des Himmels und der Erde", die die Kirche des Konzils mit „Hochachtung" resp. „Wertschätzung" zu betrachten empfiehlt (NA 3). Hier ist die Situation oft belastet von alten Vorurteilen, im kulturellen Gedächtnis, und auch von Terror, politischen und anderen Einflüssen.

In allem zeigt sich, wie interessant kontextabhängig sich das Bekenntnis zum einen Gott realisiert und wie wichtig dabei die Texte, Traditionen und der mit ihnen gepflegte Umgang ist.

4. EINE REKAPITULATION DER SCHRIFTEN

Die Schriften des Neuen Testament legen mit den Evangelien und den anderen, diese weiter ausdeutenden Texte, eine Variante der Weitung des Glaubens des Volkes Israel am Beispiel des Jesus von Nazaret vor. Sie fokussieren gewissermaßen die Hebräische Bibel mit den Jesus-Geschichten ins Griechische und begründen so eine Übersetzungstradition des „Wortes Gottes“, als das Jesus aufgefasst wird. Gleichzeitig braucht es die Hebräische Bibel, um die Tiefe und Weite des fokussierten Gotteshorizonts bleibend entschlüsseln zu können (vgl. NA 4). In den Schriften des Neuen Testaments wird dargestellt, wie das Leben Jesu mit seinem Sprechen und Tun als „frohe Botschaft“ des Wirkens Gottes außerhalb des Volkes Israels i.e.S. verstanden wird. Dabei erzeugt der Inhalt der durch Jesus neu vernommenen Gottesbotschaft die spezifische Textsorte „Evangelium“. Deren Interpretationen akzentuieren die überlieferte Art von Gott zu sprechen und begründen eine „christliche Gottesrede“, die Jesus nicht nur als menschliches und prophetisches Vorbild empfiehlt, sondern ihn darüber hinaus als Christus bezeichnet und als „Bild des unsichtbaren Gottes“ (Kol 1,15) beschreiben kann. Und das bedeutet mehr, als dass den Bedürftigen geholfen wird. Das Tun der Gerechtigkeit ist der erste Schritt zu der ihnen von Gott zugedachten Freiheit.

Gerade in Zeiten medial beschleunigter Bilderflut ist die Bild-Unterscheidung ein wichtiges Merkmal verantworteter Gottesrede. Dabei ist Gerechtigkeit das biblische Kriterium der „Bild-Erkennung". Die prophetische Gottesrede, in deren Tradition Jesus sich stellt (Lk 4,17f.), ist mit der Gerechtigkeit für Arme, Gefangene, Kranke verbunden. Mit jedem hungernden, durstigen, fremden, nackten, kranken und gefangenen Menschen ist nicht nur Gelegenheit ein „Werk der Barmherzigkeit" zu tun, sondern in ihnen macht sich gemäß der Jesusrede in Mt 25,34-45 sogar „der Herr" sichtbar.

Und an der Stelle, wo es um Gerechtigkeit geht, komme ich wieder auf das „muslimische" Verständnis Jesu zurück, das ich hier ausprobieren möchte, um die Verwandtheit des Auftrags der Glaubenden nur erstmal für die christliche Perspektive vorzuschlagen. Und auch, um die Relevanz des Konzepts der *fides qua* und *fides quae* neu auszuloten. „Mein muslimisches" Verständnis ist vor allem durch meine Lektüre des Korans gebildet, der als Verkündigung in eine neue Umwelt (arabische Halbinsel) zu der dort befindlichen Zielgruppe der „Polytheisten" eine neue Gottesrede von dem einen Gott, der Himmel und Erde und alles dazwischen erschaffen hat, beginnt. In dieser Gottesrede sind auf der Inhaltsebene für Juden und Christen bekannte Wahrheiten der Verbindung des einen Gottes mit der Gerechtigkeit zwischen Menschen enthalten, ferner theologische Debatten der Zeit ihrer Erscheinung. Auf der formalen Textebene ist die Ansprache vielfach vorstellend, erinnernd, explicativ, ermahnend oder belehrend. Sehr interessant auch hier, wie die Leserin, der Hörer die Mitteilung der Schrift vernimmt, abhängig von menschlichen Vorerfahrungen etwa vorhandener Angst oder vorgängigen Wohlwollens. Fast alle Suren beginnen mit *im Namen Gottes, des Barmherzigen, des Erbarmers.*

Im Vergleich der Textsorten fällt auf, dass gerade die Evangelien durch ihr vielfach geschichtetes Erzählen, der „Geschichte Jesu", die seine Reden und Berichte seiner Wirkungen enthält, für die Rezeption wie ein Roman zugänglich sind. Die Suren des Korans, zumal in der deutschen Übersetzung, muten demgegenüber an, wie etwa psalmartige Gebete, Ermahnungsreden und Belehrungen, wie sie im Neuen Testament z.B. in paulinischen Briefen zu finden sind. Kaum nachvollziehbar ist im Deutschen der Klang, der sich beim Vortrag des Korans vermittelt, in dem eine Aura von Nähe und Verbundenheit noch vor einer genaueren inhaltlichen Zusprechung sich vermittelt. Diese intuitive Nähe entspricht nach meiner Erfahrung dem, was christlich geprägte Menschen mit Kirchenliedern an Zugehörigkeit und Zuspruch verbinden können.

Glaube als persönliche Standortbestimmung ist also abhängig von mehreren Voraussetzungen, Gewohnheiten und Situationen, die oft unbewusst bzw. nicht gewählt sind. Dazu gehören z.B. die Sprache und der Umgang mit Texten, daraus abgeleitete „Verbindlichkeit" oder Verbundenheit, die Rolle der konkreten Sprache, in der man sich „verortet", das Sprechen dieser Sprache oder auch mehrerer und die jeweilig damit verbundene Performanz und Kultur. Glaube als Ausdruck des Verstehens von Wirklichkeit ist natürlich nicht nur ein Thema für im religiösen Sinne Glaubende, sondern für jeden Menschen, denn alle teilen die Erfahrung m.o.w. ausdrücklich, dass Sprache nicht allein Mitteilung des Mitteilbaren ist, sondern zugleich Symbol des Nicht-Mitteilbaren. Und so ist das Verstehen als Übersetzungsleistung gefragt. Walter Benjamin, dessen Überlegungen *Über die Sprache des Menschen* ich hier folge, spricht davon, den Begriff der Übersetzung zu weiten. „Die Übersetzung ist die Überführung der einen Sprache in die andere durch ein Kontinuum von Verwandlungen. Kontinua der Verwandlung, nicht abstrakte Gleichheits- und Ähnlichkeitsbezirke durchmisst die Übersetzung." Interpretation und Übersetzung durchdringen sich und begleiten die Verwandlungen. In diesem Horizont wäre m. E. für den christlichen Glauben das ausdrückliche Vertrauen in die „Verwandlungen", die im DU-Raum dessen, der sich als *ich bin, als der ich mich erweisen werde* (Ex 3,14) zusagt, fundamental. Im „Herz Jesu" brennt die Flamme des Buschs, der brennt und doch nicht verbrennt. Die „Feuerzungen" in der Erzählung des „Pfingstwunders" sind Flammen aus diesem Busch. Darin ist vielleicht auch eine Art „Sukzessionsbilderkette" wie Gottes Geist Menschen trifft.

Für den interreligiösen Dialog bedeutet das, den Sinn zu stärken für das Kontinuum von Verwandlungen, in denen sich Menschen durch Gott und mit Gott und manche auch in Gott verstehen. Dass Religionen wichtige Symbolreservoirs für Identitätskonstruktionen bereithalten, steht außer Zweifel. Im interreligiösen Dialog reift die Erfahrung, dass sie sich nicht ausschließen, sie sind verflochten, es gibt Übergänge, große Schnittmengen und Gemeinsamkeiten und das worauf als spezifisch bestanden wird, dürfte besonders im Einsatz für Gerechtigkeit und Freiheit nicht trennen.

Literatur: Arnaldez, R.: Al-Hallag oder die Religion des Kreuzes. Die Suche nach dem Absoluten aus christlicher und muslimischer Perspektive, Regensburg 2002. Benjamin, W.: Über die Sprache überhaupt und über die Sprache des Menschen, in: W. Benjamin, Sprache und Geschichte. Philosophische Essays, Stuttgart 1992, S. 42. Crüsemann,F., Theissmann, U.: Ich glaube an den Gott Israels. Fragen und Antworten zu einem Thema, das im christlichen Glaubensbekenntnis fehlt, Gütersloh 1998. D'Sa, F.X.: Regenbogen der Offenbarung. Das Universum des Glaubens und das Pluriversum der Bekenntnisse, Frankfurt a.M. 2006. Herwartz, Ch.: Brennende Gegenwart. Exerzitien auf der Straße, Würzburg 2011. Hünermann, P. (Hrsg): Die Dokumente des Zweiten Vatikanischen Konzils. Zweisprachige Studienausgabe, Darmstadt 2021. Hüther, G.: Bedienungsanleitung für ein menschliches Gehirn. Die Macht der inneren Bilder. Biologie der Angst. Göttingen 2013. Johnson, E.: Der lebendige Gott. Eine Neuentdeckung, Freiburg i.Br. 2007. Kandel, E.: Auf der Suche nach dem Gedächtnis. Die Entstehung einer neuen Wissenschaft des Geistes, München 2006. Kaufmann, R.: Die Krise des Tüchtigen. Paulus und wir im Verständnis der Tiefenpsychologie. Düsseldorf 1983. Khorchide, M. ; Stosch, K.v.: Der andere Prophet. Jesus im Koran, Freiburg 2018. Knapp, A.: Vom Segen der Zerbrechlichkeit. Grundworte der Eucharistie, Würzburg 2018. LaCocque, A., P. Ricoeur, (1998): Penser la Bible, Paris (Éditions du Seuil). Nordhofen, E.: Corpora. Die anarchische Kraft des Monotheismus, Freiburg i.Br. 2019. Rohr, R.: Der göttliche Tanz. Wie uns ein Leben im Einklang mit dem dreieinigen Gott zutiefst verändern kann, Asslar 2020. Senft, J.: Diesseits von Afrika, Ein postkoloniales Essay, Münster 2021. Senn, F.: Verantwortet glauben. Fundamentaltheologie, Zürich 2016. Teilhard de Chardin, P.: Der Mensch im Kosmos, München 52018. Tomasello, M.: Die Ursprünge der menschlichen Kommunikation, Frankfurt 2022. Wendel, S.: In Freiheit glauben. Grundzüge eines libertarischen Verständnisses von Glauben und Offenbarung. Regensburg 2020. Wenzel, K.: Offenbarung-Text-Subjekt. Grundlegungen der Fundamentaltheologie, Freiburg 2016. Welker, M.: Gottes Geist. Theologie des Heiligen Geistes. Göttingen 72022. Wolf, M.: Das lesende Gehirn. Wie der Mensch zum Lesen kam – und was es in unseren Köpfen bewirkt, Heidelberg 2010.

II. Biblische Inspirationen

Die mit Jesus erzählten Begegnungen zeigen Situationen, die sein Agieren als mächtig verändernd verstehen lassen, so die vielfache Rezeption der Texte durch die Zeit. Wie kann es dazu kommen? Wie können diese Erzählungen so inspirierend auf sehr verschiedene Menschen gewirkt haben und wirken? Wie auf Mahatma Gandhi (1869-1948), Simone Weil (1909-1943), Dag Hammarskjöld (1905-1961), um nur wenige zu nennen? Was setzt das Vernehmen in der Lektüre bzw. im Hören in Gang? Text braucht Lesende. Hören wirkt in Hörenden. Geist bewegt.

1. WIE GLAUBT JESUS? DEUTUNGS-VERSUCHE

Das Lukasevangelium schildert Jesus immer wieder als Betenden (Lk 3,21; 9,29; 11,1; 22,44). Sein Horizont ist der Gott Israels und die Schrift, in die er als Sohn Israels in Auseinandersetzung mit ihr (Lk 2,46f) in seinem Lebenskontext als Kind einer armen Mutter (*zwei Tauben* Lk 2,24) hineinwächst, von der aber auch gesagt wird, sie lebe im Vertrauen auf die umstürzend rettend barmherzige Macht Gottes (Lk 1,46-55). Er betet mit der Schrift, d.h. lebt in ihre Bilder hinein, übt ihre Praxis in seinem Lebenskontext, sodass im Blick auf ihn und im Erzählen über ihn der Sinn der Schrift (daher viele deutende Verweise auf die hebräische Schrift) in neuen Situationen und überraschend erkennbar wird. Im Erzählen und Reflektieren des mit und von Jesus Vernommenen entstehen weitere Deutungen, wie in ihm „zelte“ das Wort Gottes (Joh 1,14), bis hin zu der Aussage, *in ihm wohne die ganze göttliche Fülle leibhaftig* (Kol 2,9).

Die Schriften des Neuen Testament laden also alle in einen Reflexionsprozess des Verstehens, wie es mit der Erwartung der Nähe Gottes ist, ein. Sie setzen mit unterschiedlichen Voraussetzungen an: Mt zielt auf das Verständnis Jesu als „Messias Israels“ abstammend aus der Königsfamilie Davids, damit gewinnt er eine besondere Stellung zur Torah als gewissermaßen „neuer Mose“. Mk stellt das Evangelium von Jesus Christus, dem „Sohn Gottes“ vor und nimmt in das Geheimnis seiner Person mit. Die lukanischen Texte (Lk und Apg) wenden sich zunächst an die Person des Adressaten und laden sie ausdrücklich auf ihren eigenen Verständnisweg ein. Joh zielt auf die Reflexion des Wirkens des Geistes der Weisheit Gottes in der Welt und thematisiert in besonderer Weise das Innigkeitsverhältnis Jesu zu Gott, der für ihn Vater ist.

Zurück in den Text des Lukasevangeliums. Ich nehme darin einen Menschen wahr, der unterwegs ist. (Er wurde sogar unterwegs geboren: *denn sie hatten keine Unterkunft*, Lk 2,7) Viele Geschichten erzählen von Jesus, auf der Straße, draußen, zu Fuß. Die „Aussendung seiner Jünger“ (Lk 10,1) lese ich durchaus als Selbstbeschreibung Jesu. Er weiß, dass es viele gibt, die ihn und die mit ihm sind, als leichte Beute betrachten (Lk 10,3), deshalb ohne Geld unterwegs sind, kein Proviant, nicht einmal Schuhe haben, also unterwegs sind wie viele Arme in Palästina zur Zeit der Römerbesatzung und in vielen anderen Weltgegenden durch die Zeit bis heute.

Nicht unterwegs grüßen, nicht auf sich aufmerksam machen, bei sich bleiben, abhängig von dem, was begegnet. Aber im Frieden unterwegs, der den anderen weitergegeben werden kann, wenn man vielleicht in ein Haus gebeten wird: *Salam aleikum. Der Friede sei diesem Haus* (Lk 10,3-6). Ein schlichter Mensch, der sich einlässt und sich besonders mit Leidenden verbindet. Diese Friedenskraft scheint aus der Sicherheit zu kommen, nichts zu verlieren zu haben, weil alles gegenwärtig ist. Gegenwartsfülle, die er Reich Gottes nennt (Lk 10,9).

2. GEISTKRAFT FÜR GERECHTIGKEIT. MACHT, DIE GETEILT WÄCHST

Ich erkläre mir die Friedenskraft und Fähigkeit zum Gegenwärtigsein aus dem Zuspruch, der mit der „Taufe Jesu" knapp erzählt wird (Lk 3,21). Die Tauferfahrung Jesu, die mit den Worten wiedergegeben wird: *Du bist mein lieber Sohn, an dir habe ich Wohlgefallen* (Lk 3,22) begründet sein Selbstverständnis aus dem Geist Gottes zu leben. Die Relevanz dessen wird bestätigt in der Erzählung, die mit *Versuchung* oder als *Prüfung* des Teufels bezeichnet wird (Lk 4,1-13). Sein dreifaches Nein zur Korrumpierbarkeit in der Macht (als „Sohn Gottes") wird jeweils mit Argumenten aus der Torah begründet: auch die eigenen Vitalbedürfnisse sind eingebettet in das Gottvertrauen, also wird kein materielles Hokuspokus inszeniert. Der Verzicht auf politische Macht und entsprechende Zurschaustellung und die Ablehnung, die Gültigkeit Naturgesetze in Frage zu stellen folgen. Die Geschichte ist wie eine praktische Umsetzung dessen, was im

Sch'ma Israel (Dt 6,4f.) gehört wird. *Der Ewige, unser Gott, der Ewige ist einzig*, das bedeutet keine andere Herrschaftsmacht anbeten, nur Gott (Dt 6,13) und Gott nicht herausfordern (Dt 6,16). So stärkt die Erfahrung des Zuspruchs des Geliebtseins in der Taufe und die Bestätigung der Geistkraft seines Gottverbundenseins in der Prüfung sein Vertrauen und seine Bereitschaft, einen prophetischen Auftrag anzunehmen, der aus Jes 61,12 abgeleitet wird: im Geist Gottes zu leben und mitwirken, die Armen von Not zu befreien, Freiheit für die Gefangenen, den Blinden Augenfreiheit, die Unterdrückten freimachen von den sie drückenden Lasten und eine Zeit der Freiheit aus Gott auszurufen.

Ein prophetischer Auftrag, den er mit Leib und Seele erfüllen kann, weil er sich in Gottes Geist geliebt wissen kann und ohne Wenn und Aber getragen, frei und erfüllt in seinen Auftrag hinein. Der große aaronitische Segen, der womöglich mitwirkt in der Zusage, im leuchtenden Angesicht des Herrn, in seinem Wohlwollen und Frieden zu sein, kann vom Erzähler zur Stellvertretererscheinung der Taube, als Symbol segnender Hände verdichtet worden sein. Und personalisiert umformuliert, ist er eine starke Zusage. Von Gott geliebt und angenommen, bildet sich ein Vertrauensgrund, in dem zweifelnde Angst vor Fehlern und Scheitern aufgehoben ist.

Damit kann der Erwachsene offenbar bestätigen, was die knappen Andeutungen aus seiner Kindheit nahelegen: dass seine Mutter Ja zu dem Unsicheren gesagt hat, was mit ihrer Schwangerschaft auf sie zukam, dass sie ihm lebensförderliche Sorgfalt angedeihen ließ (Lk 2,7 *wickelte ihn in Windeln*) und dass sie ihre Sorge über den Pubertierenden diesem nicht nachgetragen hat (Lk 2,51). Sie lebte selbst aus einem Gottvertrauen (Lk 1,50-55), das von Gott Kraft empfängt und mit ihm die Veränderung ungerechter Herrschaft verbindet.

So legen die Geschichten zu Beginn des Lukasevangeliums nahe, dass die Macht Gottes gegen Mächte der Knechtschaft in Menschen wirken kann. Der greise Simeon und Hanna bestätigen als lebenserfahrene Fromme, dass er in der Lage sein wird, für viele in Israel aufzustehen und dafür auch Widerspruch bis zum Fall erleben wird (Lk 2,34). Eine Aussicht, die in der Situation der politischen Besatzung durch das Römische Reich realistisch ist. Warum kann Jesus dies? Weil der Mensch von der Schöpfung an „von Gott" ist: die Genealogie Jesu in Lk wird sehr fein von Josef, für dessen Sohn er *gehalten* wurde, zurück bis zu Adam, von Gott (Lk 3,38) aufgezählt.

Keine davidische Abstammung wie im Mt, sondern ein neuer Adam, der neue Mensch. Und als solcher erkennt sich Jesus in der Johannestaufe in besonderer Weise bejaht und geliebt – als Gegenentwurf zur Angst, die die Predigt des Johannes durchaus auch verbreitet (Lk 3,7). Dies als neue Gottesbotschaft zu begreifen: als Mensch von Beginn an von Gott geliebt zu sein und sich wohlwollend gesehen zu wissen (Lk 3,38), eröffnet die Möglichkeit, friedfertig und -fähig zu leben und seine Macht in Freiheit für die Armen zu verwandeln. Dieses Angebot gilt für jede/n, die und der davon erfährt. Der Auftrag, Frieden über die eigene Person auszuweiten, kommt aus der Schalom-Tradition innerhalb Israels.

Anbetung nur dem einzigen Gott, dem Gott der Gerechtigkeit. Nachbarvölker Israels und v. a. die römische Herrschaft verehren Götter der Macht, des Reichtums, der militärischen Stärke. Es ist nicht ohne Risiko, diese Götter nicht zu verehren und auf das Reich Gottes zu vertrauen (Lk 10,11). Und Jesus ist bereit, das Risiko einzugehen.

Würde ich mir ein ausformuliertes Dankgebet Jesu nach der Probe in Lk 4 vorstellen, so könnte ich ihn mit den Worten der letzten Sure des Koran als Gebet des Dankes und Ausrichtung auf Gott hören: *Im Namen Gottes, des barmherzigen Erbarmers: Ich nehme Zuflucht beim Herrn der Menschen, dem Herrscher der Menschen, dem Gott der Menschen, vor dem Bösen der Einflüsterung, des Heimtückischen, der einflüstert in die Brust der Menschen, vor Dschinn und Menschen* (Q 114).

Und weil ich in der christlichen Tradition „von Jesus" beten gelernt habe, stelle ich mir weiter vor, dass Jesus im Gebet den „Herrn der Menschen" mit dem familiären DU ansprechen würde, das sich zwischen Jesus und Gott nahelegt: Ich nehme Zuflucht, bei Dir, Du Herr der Menschen, bei Dir Gott der Menschen ... vor dem Bösen des Einflüsterers, des Verleumders, der einflüstert in mein Herz und aller – ob Dschinne oder Menschen.

Jesus stellt sich ausdrücklich in die prophetische Tradition Israels und kann sie in seiner neugewonnenen Geistkraft bejahen (Lk 4,18). Er bringt sie neu zur Geltung, schon mit der Skepsis aus der Vertrautheit mit ihr, dass kein Prophet im eigenen Land etwas gilt (Lk 4,24).

Vielleicht haben wir ein falsches Verständnis, was es heißt, Prophet zu sein? Es ist nicht jemand, der die Zukunft voraussagt, sondern jemand, der „den Willen Gottes", der bereits seit den Propheten Israels bekannt ist, tut. Und dabei handelt es sich um die Herstellung von Gerechtigkeit im Sinne des oben zitierten Jesaja 62 für Gefangene, Kranke, Arme, Witwen und Waisen. Dass sie zur Gesellschaft nicht nur ohne Diskriminierung selbstverständlich dazu gehören sollen, so dass ausgrenzende Gewalt überwunden wird, ist der Weg zur Freiheit des Schalom. Genau dies scheint mit Jesus erfahrbar gewesen zu sein, für alle, die wie er auf der Straße, auf dem Weg waren, die ihn dafür liebten und entsprechend niedergeschlagen waren nach seinem Tod, denn er wurde bis zuletzt angesehen als *ein Prophet, mächtig in Taten und Worten vor Gott und allem Volk* (Lk 24,19).

Aus dieser Übereinstimmung von Taten und Worten ergibt sich ein neuer Anspruch für die, die zu Jesus gehören wollen (Lk 8,20). Zusammengehörigkeit entsteht aus gerechtem Tun aus Gottvertrauen und ist nicht nur in der Familie zu finden. Jesus weitet das Familien- und Volksverständnis, indem er Familie als Gemeinschaft derer, *die Gottes Wort hören und tun* (Lk 8,21) entwirft.

Jesus ist auf der Straße und bildet dort neue Gemeinschaft mit Menschen, denen er durch sein Zuhören einen Vertrauens- und Wandlungsraum schafft und sie so neu mit sich selbst in Kontakt bringt und in die Gesellschaft einbindet. Das gilt für Kranke, „Besessene", Aussätzige (Lk 5,12ff; 5,17ff.). Er grenzt auch die Angehörigen der Besatzungsmacht nicht aus, begegnet ihnen „auf Augenhöhe“, ja geht in ihre Häuser (Lk 7,1-10). Er sucht Gemeinschaft mit Menschen, die von der Besatzungsmacht leben und die denen, die auf Reinheit bedacht sind, ein Dorn im Auge sind: die Zöllner Levi und Zachäus (Lk 5,29; 19,6). Er betont das gemeinsame Menschsein auch in antagonistischen Rollen *denn auch er ist ein Sohn Abrahams* (Lk 19,9).

Jesus stellt in vielen Begegnungen das verbindend Menschliche heraus und deutet es als Grundlage seines Wirkens in der Geistkraft. Dies führt ihn in Auseinandersetzungen mit den Vertretern des religiösen Establishments, den Priestern und Schriftgelehrten, mit denen er um das rechte Verständnis der Tora diskutiert. Und das sind für alle anstrengende Diskussionen, weil er spürt, dass sie oft voreingenommen, hasserfüllt und wohl auch neidisch auf ihn sind, und er provoziert sie ja auch (Lk 11,37-54). Die Debatten mit den Pharisäern, die sich auch um ein toragemäßes Leben mühen, zeigen, wie viele Debatten die Orientierung an „Schrift und Tradition“ nötig hat, um ihren Sinn je frisch verstehbar zu machen. Und der Vorwurf, in den falschen Menschen Gott zu ehren, gibt es bis heute. Die Perspektive Jesu ist dabei Vorrang für die Befreiung aus der konkreten Not des Hungrigen und Kranken. In dieser Situation ist der Rückzug ins Gedenken der Freiheit am Shabbat scheinheilig, wenn er dazu beitragen kann, an einer konkreten Befreiungserfahrung für einen Menschen mitzuwirken, der von seinem Hunger durchs Ährenabpflücken befreit wird (Lk 6,1-11).

Die wirkmächtigen Begegnungen Jesu unterwegs und im Freien werden ergänzt durch situativen Zuspruch zu Menschen, die einfach da sind (Lk 6,17-49). Dann gibt es die vielen Beispielerzählungen und Parabeln (Lk 10,25 *Barmherziger Samariter*) und Reden in Situationen, die die Debattenkultur in Synagogen, Lehrhäusern und bei Tisch mit sich bringt (Lk 14,7ff). Hier erscheint Jesus als origineller Schriftkundiger, der seine Kontrahenten oft frappiert, sodass sie sich in die Enge getrieben fühlen, weil sie seinen Argumenten keine besseren entgegensetzen können. Er stört die Wissenshierarchie, und erzeugt Rivalitätsgefühle, da er mit „dem Volk" die religiösen Fragen debattiert (Lk 12). In Gleichnissen erläutert er seinen Glaubensgrund des Reiches Gottes und schafft so eine neue Gleichrangigkeit und Freiheit sowohl zwischen Menschen als auch in der Zeit. Und das ist Provokation für die, die auf einen fernen „Jüngsten Tag" hin orientiert sind. Der Vorrang des Jetzt und des konkreten Tuns (und Lassen des ungerechten Urteilens) in der Zeit ist genuin das Thema von Jesus. Das „Reich Gottes" ist für alle, die im Vertrauen auf Gottes Zusage von Gerechtigkeit und Barmherzigkeit aus dem Herzen leben (Lk 15). Es steht allen offen (Lk 13,29f.), es gibt nur ein Früher oder Später, und ist auch schon zwischen denen, die sich jetzt auf es einlassen (Lk 17,21).

Es wurde bereits gesagt, dass Jesus von Lk häufig als Betender geschildert wird (Lk 3,1; 5,16; 6,12; 9,11; 9,28; 11,1; 22,32; 22,40.42.44.46; 23,46). Aus diesem Reservoir schöpft er sein Vertrauen, das er weitergeben kann. Entsprechend wird er gefragt, wie man selbst beten kann.

Mit der Gebetsempfehlung des knappen „Vater unser"-Gebets (Lk 11,2-4) sind alle, die so beten, mit *Dein Name werde geheiligt* mit der Gebetstradition Israels verbunden, die mit der Heiligung des göttlichen Namens und durch seine Nennung, Wiederholung und Erinnerung auch die Namenlosen der Geschichte implizit mit nennt. *Dein Reich komme*, als ständige Aufforderung in der Gegenwart Jesu die Perspektive des Reiches Gottes schon zwischen sich und den anderen wahrzunehmen. Der Beginn *Vater unser* drückt die Beziehung aus, die vom betenden Jesus übernommen werden kann: *Vater unser*, betont die Perspektive, dass alle Menschen sich wie Kinder von Gott her verstehen. Als Selbstvergegenwärtigung im Bild des „Vaters Jesu" ist das menschenverbindende Wirken Jesu als „Bruder" enthalten. Auch, wenn ich allein bete, bete ich in Gemeinschaft aller Menschenkinder Gottes. Mit Jesu Worten spreche ich in seinem Geist und bin so Gottes Geistkraft verbunden.

Eine spezifische Form des Betens ist das Danken vor der gemeinsamen Mahlzeit (Lk 22,17.19). Die Danksagung „Eucharistie" für die Schöpfung Gottes, den Gastgeber, die Teilnehmenden, die Gaben. Der Dank verbindet im Nehmen dessen, was da ist und für alle geteilt wird, zur neuen Ganzheit in Gemeinschaft, die so miteinander gebildet wird. Interessant ist, wie die mit dem Tod scheinbar erloschene Geistkraft Jesu aus der Trauer und Enttäuschung der Jünger, nachdem Jesus begraben ist, im Erzählen der sogenannten Emmausgeschichte wirksam als durchaus lebendig gestaltet wird (Lk 24,13-36). Diese Erzählung ist in besonderer Weise dazu geeignet, dass die geneigte Leserin oder der Hörer ihre Lebenserfahrung in die Interpretation der Geschichte mit einspeist und so neue Deutungsmöglichkeiten gewinnt, für Erlebnisse, die sie selbst in vergleichbarer Weise womöglich bereits gemacht hat.

Die Unwissenheit des Fremden ermöglicht das Gespräch. Er fragt die Resignierten nach ihrer Trauer, und sie erzählen von ihr. Dann wird der Fragende zum Erzählenden, der die Geschichte der Propheten Israels neu erzählt *was in der ganzen Schrift von ihm gesagt war* (Lk 24,27). So hören sie eine Resonanz ihrer Trauer, die sie bestärkt. Dann laden sie ihn ein, mit zu ihnen nach Hause zu kommen. Er will gar nicht bleiben, aber sie *nötigten* (Lk 24,29) ihn, weil es Abend wurde. Dann passiert ein interessanter Rollentausch. Der Gast wird zum Gastgeber, nimmt das Brot, dankt, bricht es und gibt es ihnen. In dem Moment erschließt sich das Erlebte neu für sie. Sie verstehen, warum ihr Herz brannte (Lk 24,32) als sie seinem Erzählen zuhörten und im gemeinsamen Mahl dann, erkennen sie Jesu Geistkraft wirksam lebendig und sind sich gewiss: Jesus ist ihnen begegnet.

Und *zur selben Stunde* (Lk 24,33) gehen sie schnell nach Jerusalem zu den anderen zurück und sagen ihnen: *Der Herr ist wahrhaftig auferstanden* (Lk 24,34). Und als sie mit Liebe und Begeisterung darüber sprechen, geschieht wieder die sichere Erkenntnis, dass Jesus mitten unter ihnen ist und sie vernehmen seinen Zuspruch *Friede sei mit euch!* (Lk 24,36) Die Geistkraft Jesu erfüllt also auch die Jüngerinnen und Jünger, sie verstehen noch einmal neu, *was geschrieben steht im Gesetz des Mose, in den Propheten und in den Psalmen.*

(Lk 24,44) Und sie vernehmen den Auftrag, macht weiter *in seinem Namen* (Lk 24,47).

Die Versuche dazu mit vielen Schwierigkeiten und beglückend gelingenden Begegnungen schildert die Apostelgeschichte, nachdem er sich *nach seinem Leiden durch viele Beweise als der Lebendige gezeigt hatte und sich sehen ließ [...] unter ihnen vierzig Tage lang und redete mit ihnen vom Reich Gottes* (Apg 1,3). Die Frage nach dem Wirken in der Geistkraft Gottes stellt sich für alle je neu. Das erste Großereignis, das erzählt wird, ist „das Pfingstwunder" (Apg 2,1-13). Es ist ein Verstehensereignis mit geradezu globalem Ausmaß, da es Menschen aus dem ganzen römischen Reich betrifft, die in Jerusalem ein nie gekanntes Erlebnis von Verstandenwerden und Verstehen beschreiben. Die Ausländer verstehen in ihren Sprachen, was die Juden *von den großen Taten Gottes reden* (Apg 2,11). So unglaublich, dass Skeptiker nur glauben können, alle seien betrunken!

Literatur: Bibel in gerechter Sprache: Gütersloh 2006. Das Neue Testament: Übersetzt von Fridolin Stier, München 1989. Die Bibel: Einheitsübersetzung der Heiligen Schrift, Stuttgart 2016. Die Bibel: Nach der Übersetzung Martin Luthers, Stuttgart ²1994. Die Heilige Schrift: Elberfelder Bibel, Wuppertal 1995. Der Koran: Neu übertragen von Hartmut Bobzin, München ²2015. Der Koran: Vollständig und neu übersetzt von Ahmad Milad Karimi, Freiburg 2009. Goss-Mayr, H., Goss, J.: Evangelium und das Ringen um Frieden, Minden ³2004. Herwartz, Ch.: Auf nackten Sohlen. Exerzitien auf der Straße, Würzburg 2006.

III. Jesus lebt maximal

Hat Jesus minimalistisch geglaubt? – Ein Ja legt sich nahe, wenn man darunter den Verzicht auf Religionsdarstellung in äußerlichen Formen versteht (Lk 20,46). Seine Rückbindung ins DU Gottes (Religion) wirkt maximal und wirkt mit zur Befreiung aus versklavender Armut und Unfreiheit.

Jesus hat mit nicht mehr, aber auch nicht weniger als seinem ganzen Leben Gott vertraut, aus seiner Barmherzigkeit und Liebe gelebt, und war dadurch frei, auf Gewalt zu verzichten. Das ist maximal. Er nutzte seine Freiheit, für die Barmherzigkeit und Gerechtigkeit Gottes zu streiten. Sein Tod kann verständlicherweise als Scheitern verstanden werden. Allerdings ist er präsent im Erzählen von ihm, im Feiern und in vielfacher Erinnerung. So kann die Geistkraft Gottes weiterwirken. Und sie wirkt vielfach. Eine Wirkung ist die Empfindlichkeit für Ungerechtigkeit und Unfreiheit. So werden seither viele Menschen erinnert, die ihr Leben so wie er gewagt haben für die Freiheit vieler. So wird im Erinnern der Namen nicht nur er mit erinnert, sondern auch seine Werte wie Menschlichkeit, Liebe, Gerechtigkeit.

Die Macht seines Daseins in vielfältiger Repräsentanz zeigt, dass sein Name als „Lebensprogramm“ schon verwirklicht wurde, aber noch nicht vollendet ist: Jesus, die griechisch-lateinische Form des jüdischen Namens Jehoschua: Gott rettet/ befreit. Die Besinnung auf ihn und sein Beispiel wirkt in vielfältiger Weise. Auch in der islamischen Tradition. Die

Überlieferung seines Wirkens ist maximal kompatibel zu vielen anderen Friedenstraditionen und wirkt weiter. Allerdings gibt es auch Wirkungen der Abgrenzung in seinem Namen.

Prophetisches Wirken könnte maximaler verstanden werden, wenn Menschen sich einsetzen, um zur Gerechtigkeit, Freiheit und zum Frieden beizutragen. Die Jesusüberlieferungen kennen Beispiele, wie Knappheit in Fülle, Minimales in Maximales verwandelt wurde. Das Rezept heißt: Eucharistie: nehmen, danken, brechen/teilen.

Das Erzählen von Jesus verwandelt Schriften in fließende Sprachen, in Gesten, Leben und Körper. Ist das minimal oder maximal?

Im Erzählen und Hören von Jesus-Geschichten transportiert sich das Geheimnis geteilter Macht, die im Teilen größer wird. Sie wird aus der Geistkraft Gottes kommend verstanden, die Herzen erfüllt und Mut und fähig zum Frieden macht. Jenseits von minimal und maximal.

Das Erzählen von Jesus Christus ist mit dem Erzählen von Zeit verbunden. Das Reich Gottes ist im Jetzt, im Zwischen und kommt nicht erst noch. Die Dringlichkeit der Gegenwart, ihre Erwartung und Erfüllung übersetzen sich aus den Texten in die Zeitmodi der Rezipienten. Mächtige haben mehr Zeit als Ohmächtige. Wird das Evangelium durch seine Tradierungsinstitutionen minimalisiert oder maximalisiert?

In Straßenexerzitien kann mit minimalem Aufwand geübt werden, Wirklichkeit von der Straße her mit dem Du Gottes in Verbindung zu bringen, und damit neu Wir zu bilden. Straße, Wahrheit und Leben werden neu verstehbar. Ob man dies Glauben oder Leben nennt, ist zunächst unwichtig, es führt in jedem Fall zu Deutungs- und Erschließungserfahrungen, die maximal nützlich und schön sind.

Minimalismus kann kein Ziel sein, wenn es darum geht, das Uneinholbare des Geheimnisses von Menschen und Gott zu beschreiben. Die Texte des Neuen Testaments zeigen eine Fülle von Bezeichnungen für Jesus, die seinen Beziehungsreichtum zu seinen Zeitgenossen spiegelt. Im Islam gibt es die 99 schönsten Namen Gottes, die ebenfalls den Reichtum von Bezügen spiegeln, in denen Menschen Gott anrufen.

Die Jesusgeschichte zeigt, dass in der Härte von Schmerz und Gottverlassenheit Gott selbst gegenwärtig in Allheit und Gänze ist; im Abgrund ist Grund und Freiheit und auferstehend je mehr Leben.

Kreuz kreuzt minimal
und maximal. Das ist das
Glaubensgeheimnis.